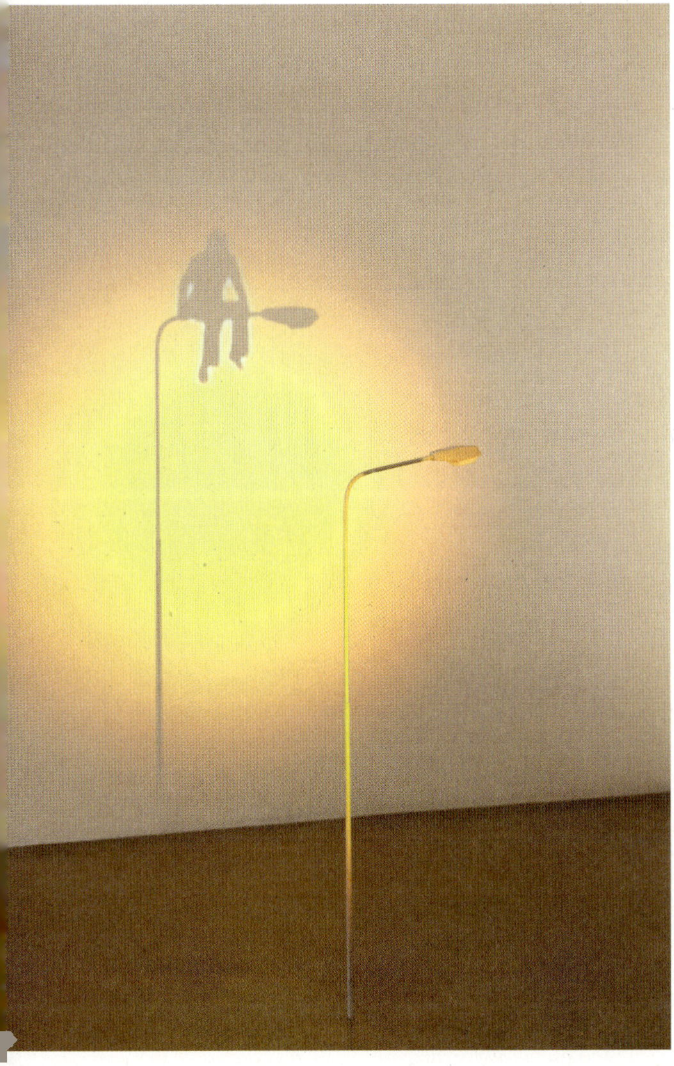

AF478661

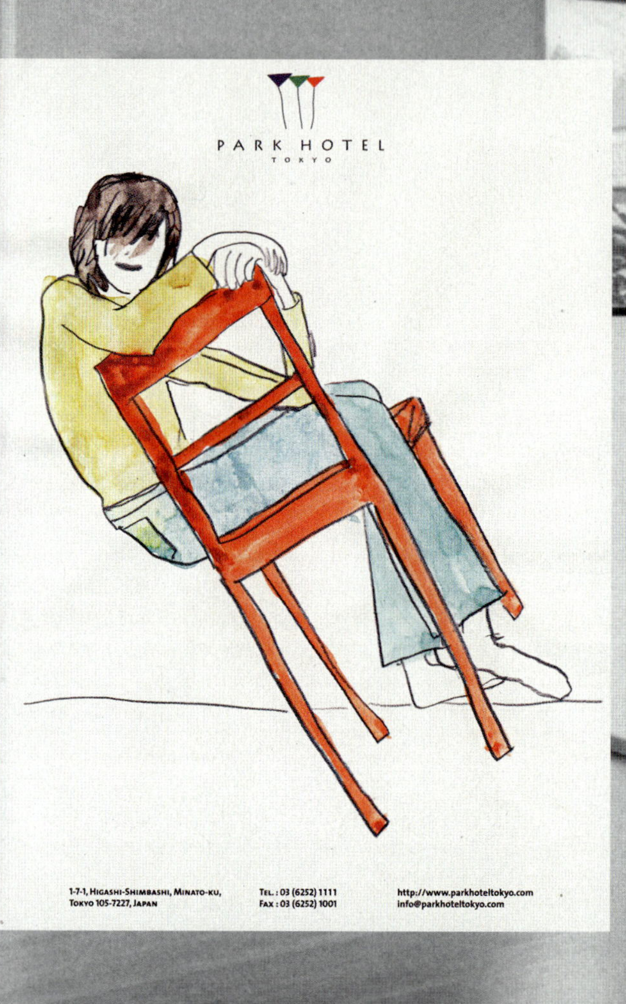
PARK HOTEL
TOKYO

1-7-1, Higashi-Shimbashi, Minato-ku,
Tokyo 105-7227, Japan

Tel.: 03 (6252) 1111
Fax: 03 (6252) 1001

http://www.parkhoteltokyo.com
info@parkhoteltokyo.com

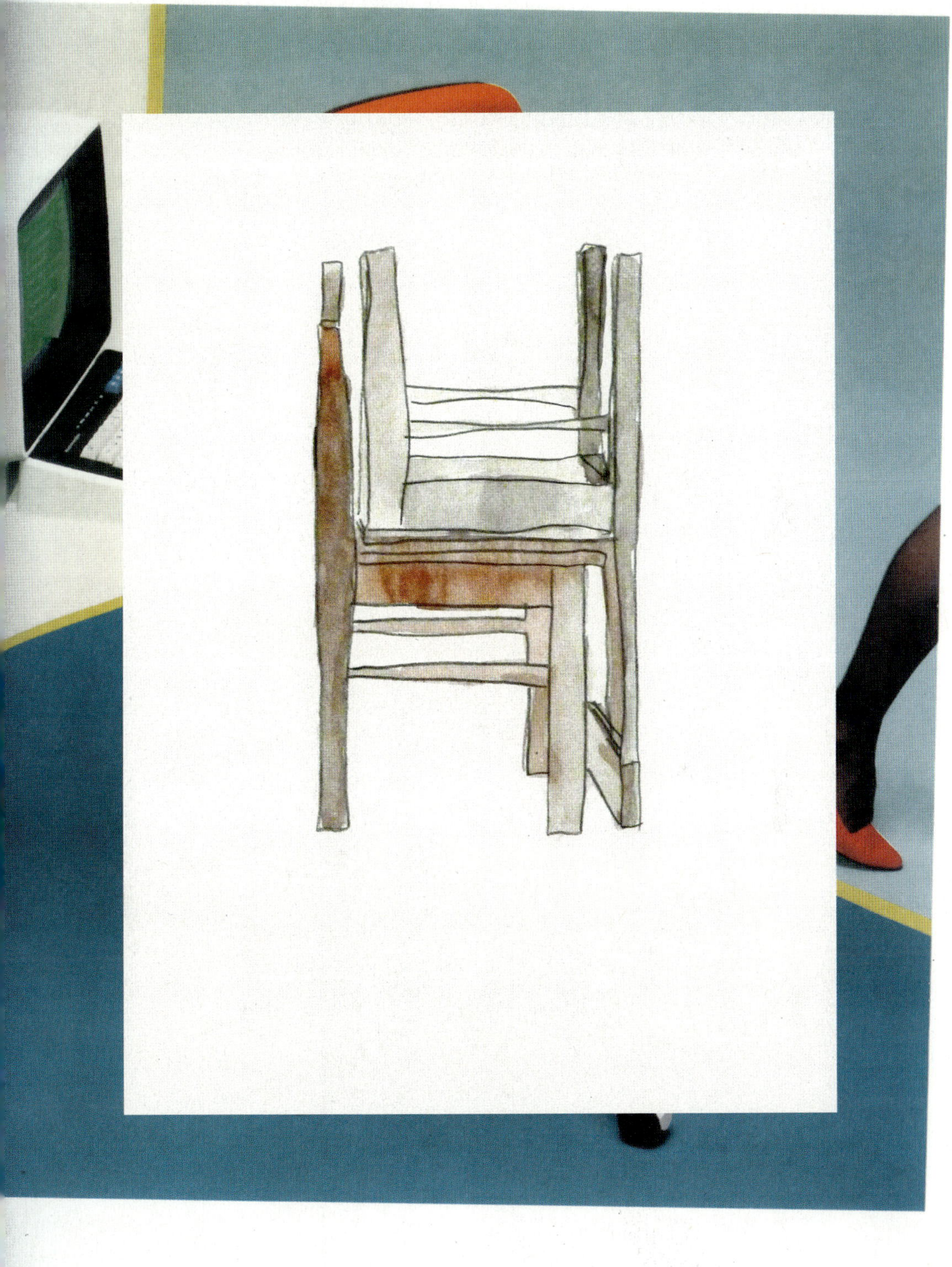

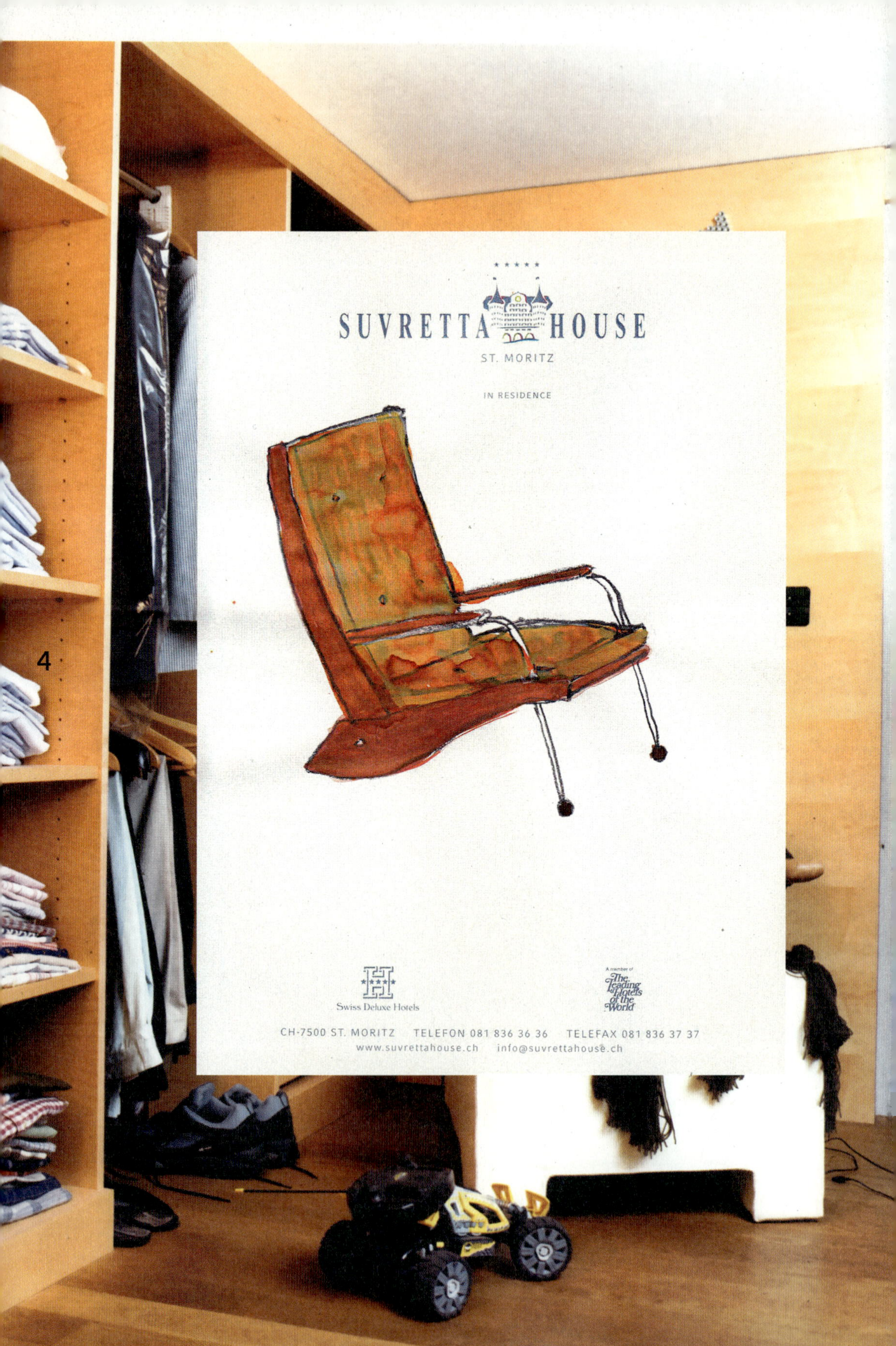

★ ★ ★ ★ ★
SUVRETTA HOUSE
ST. MORITZ

IN RESIDENCE

Swiss Deluxe Hotels

A member of
The Leading Hotels of the World

CH-7500 ST. MORITZ   TELEFON 081 836 36 36   TELEFAX 081 836 37 37
www.suvrettahouse.ch   info@suvrettahouse.ch

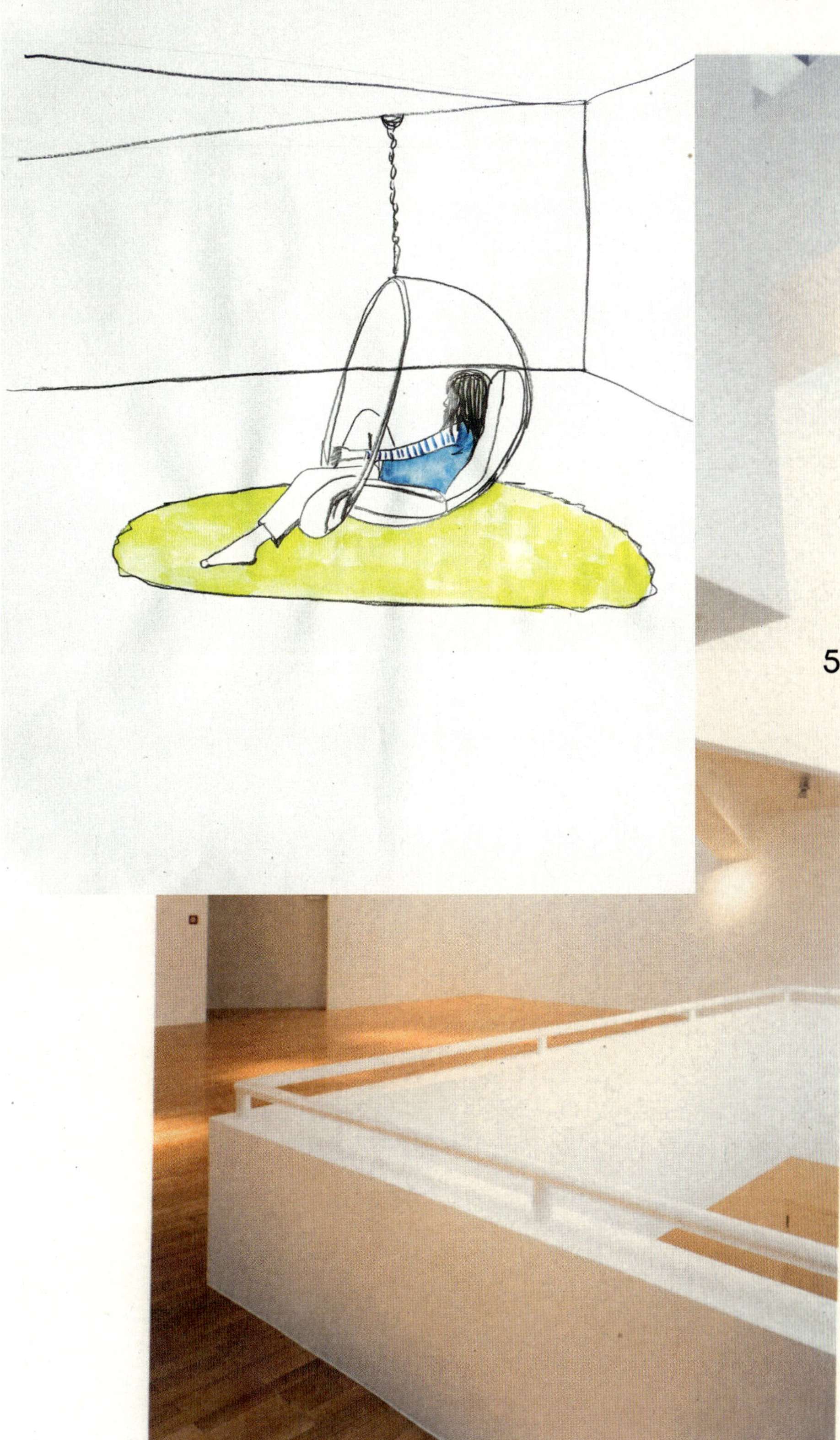

5

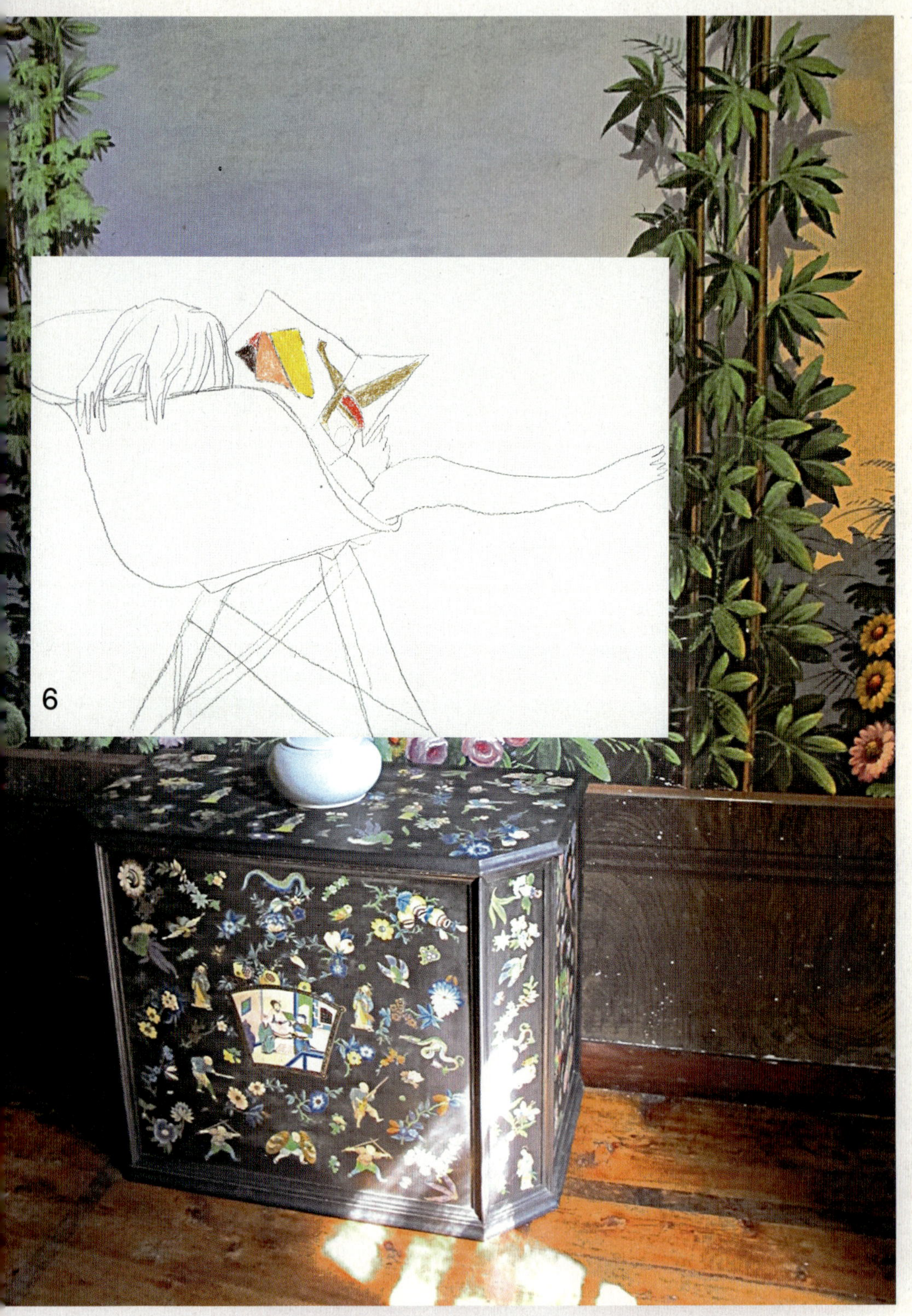

6

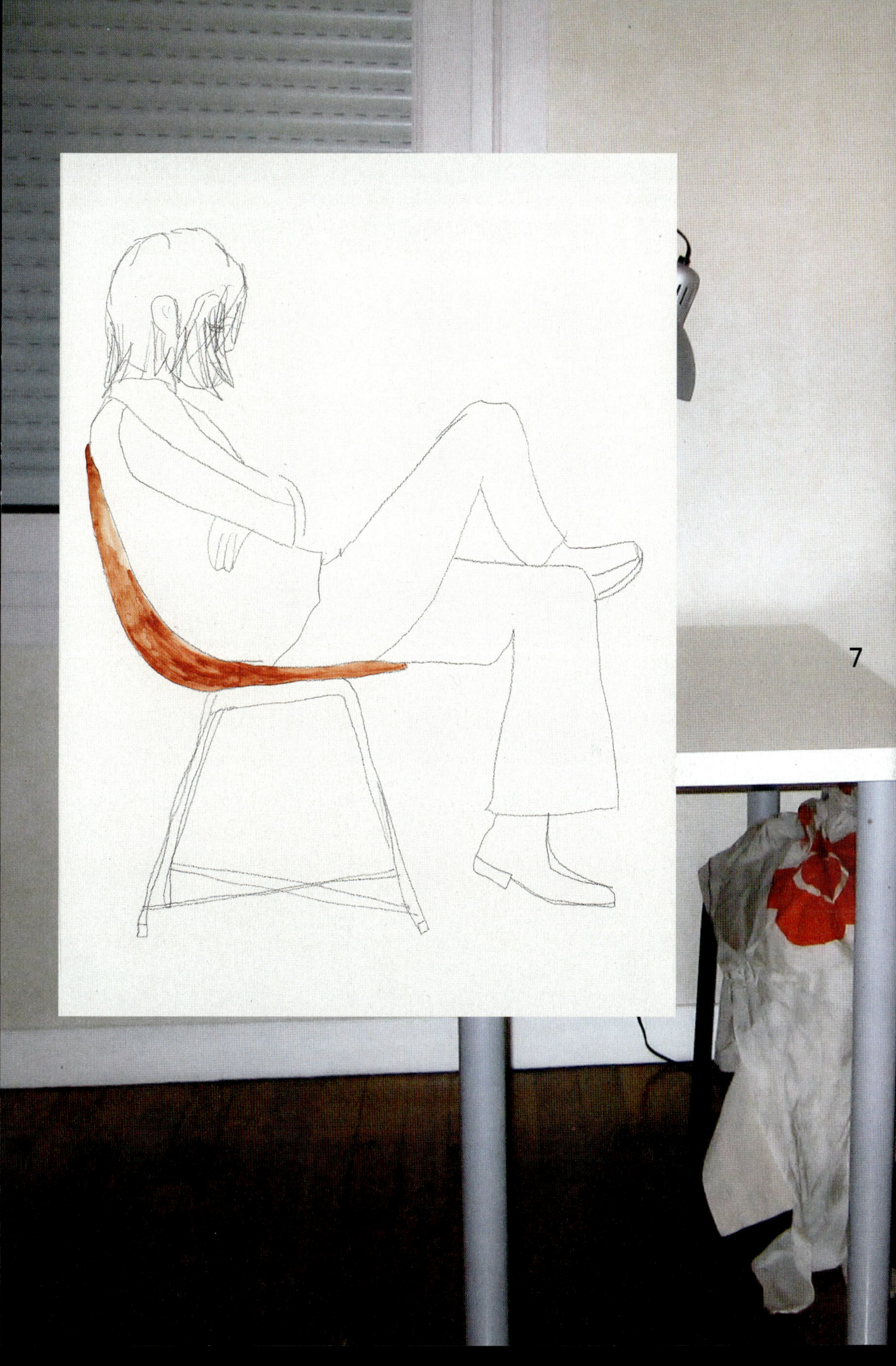

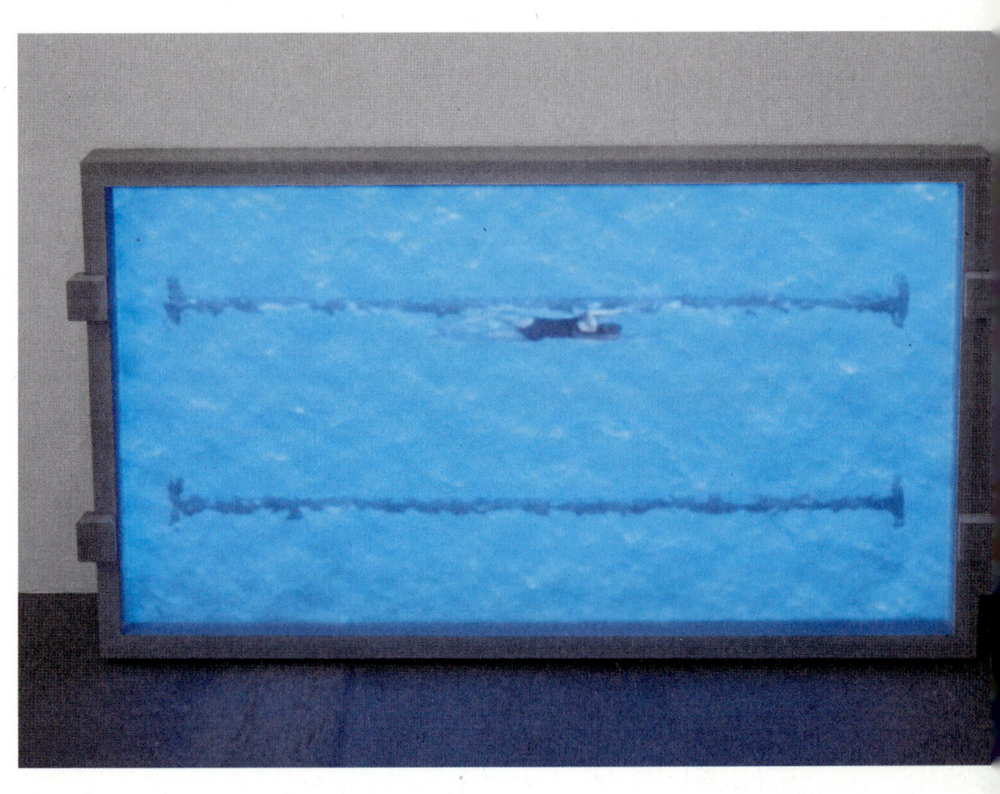

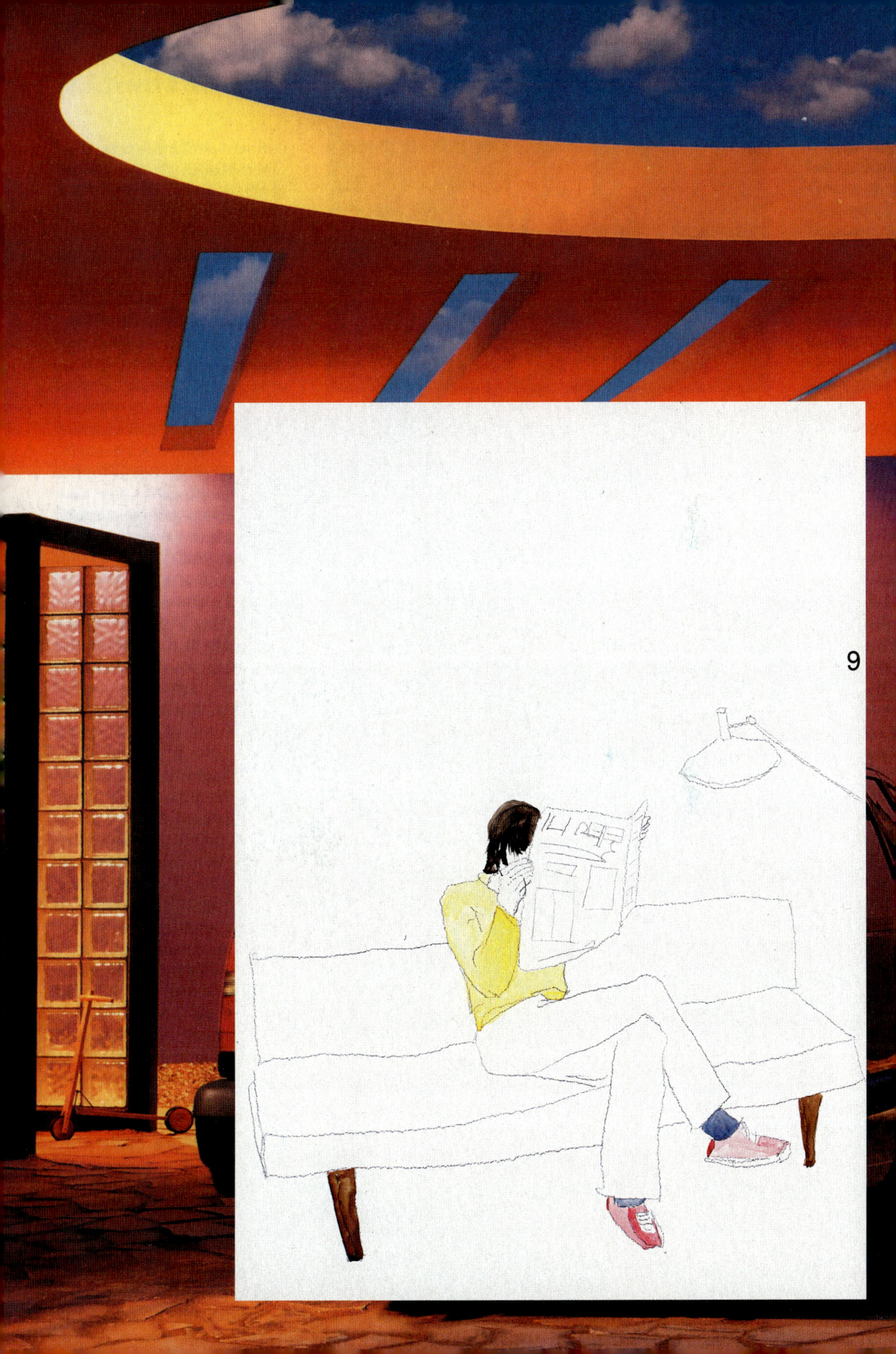

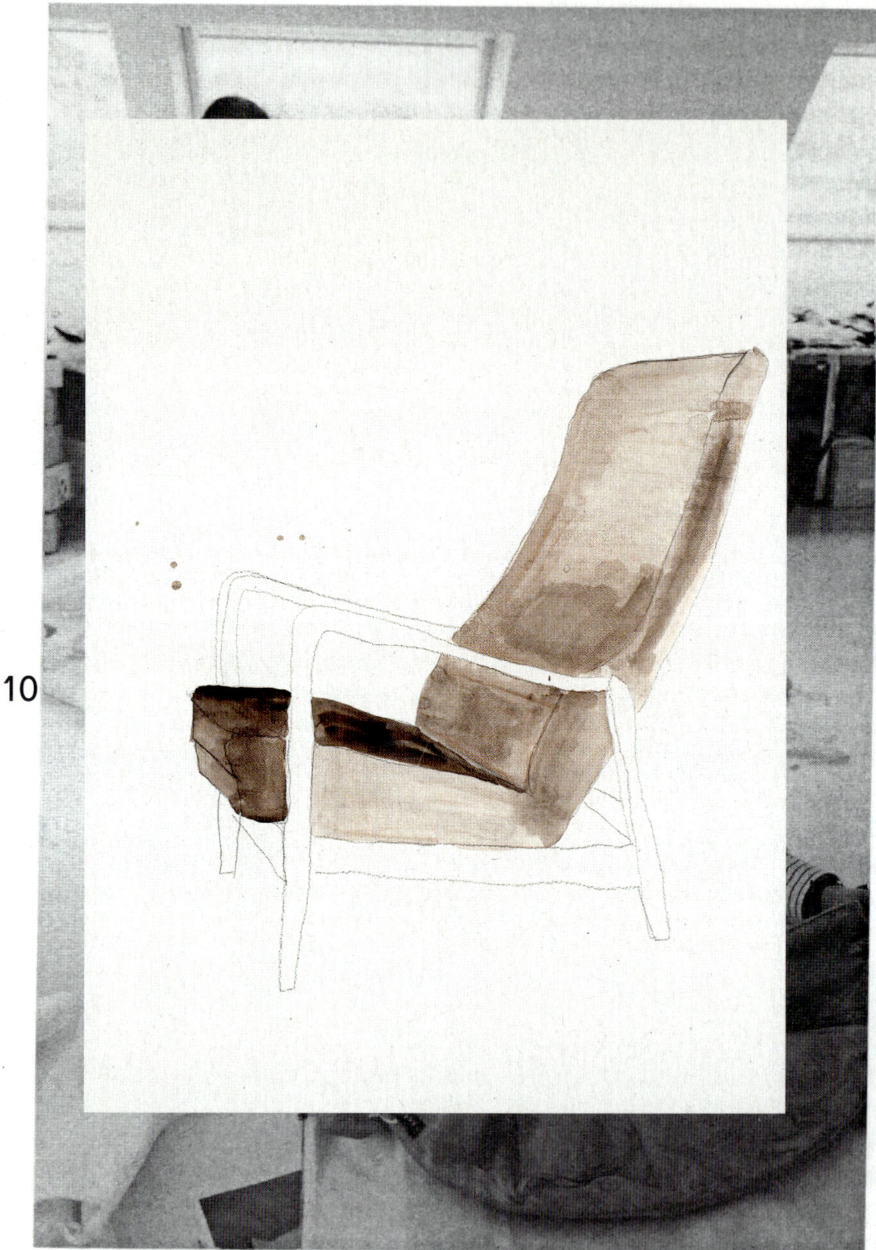

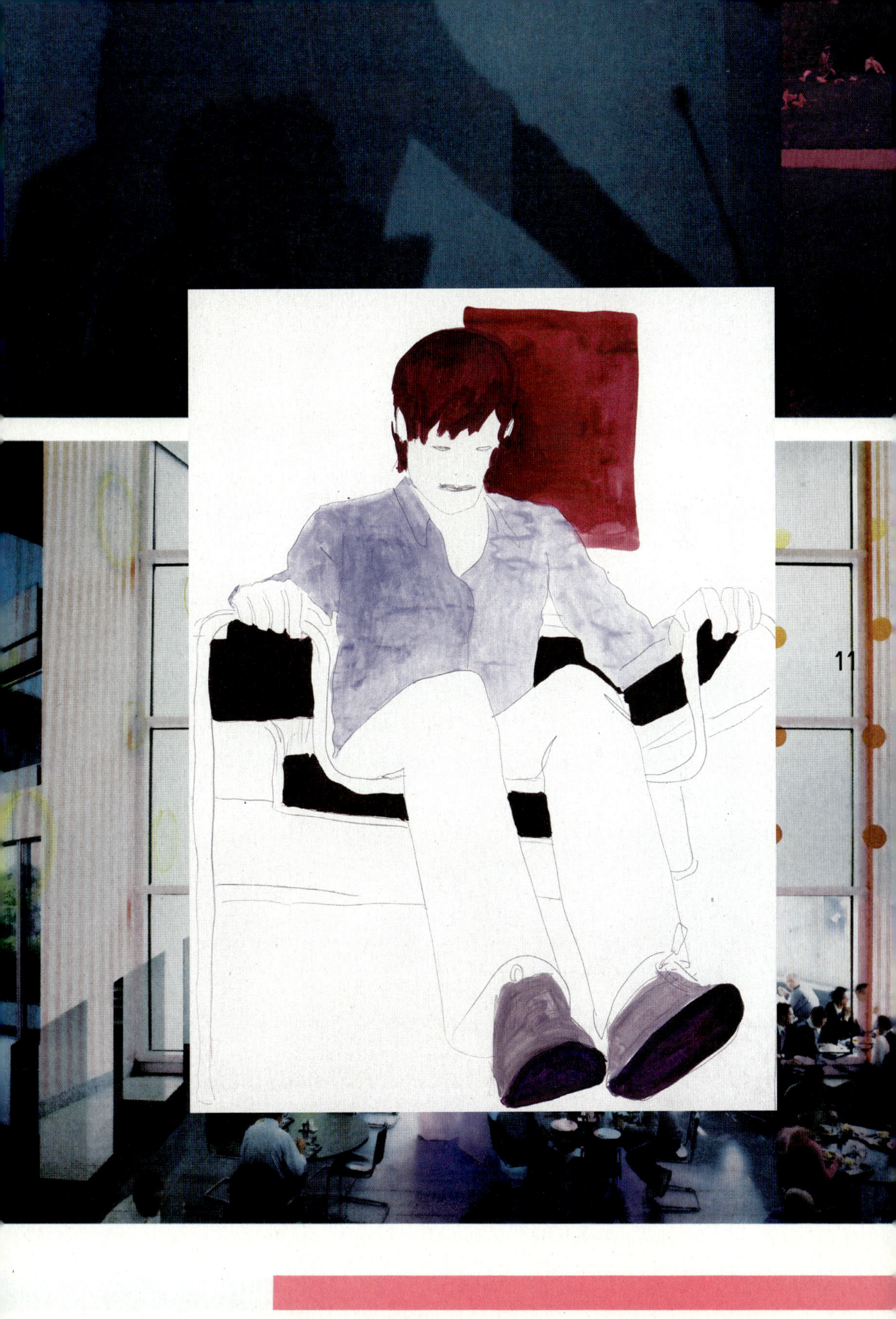

12

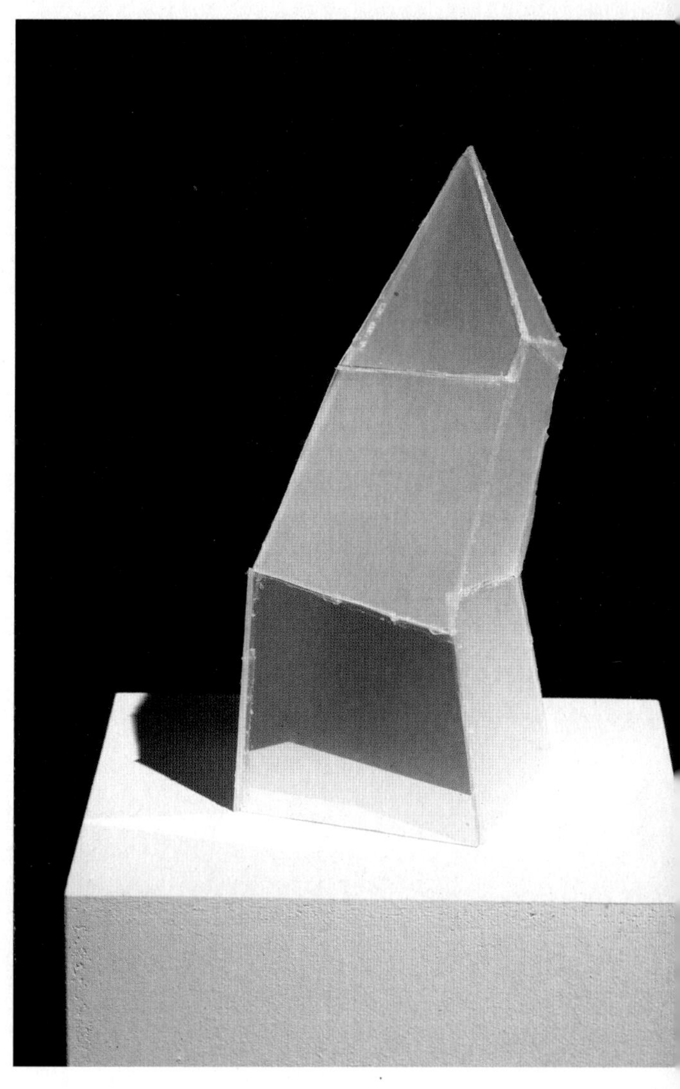

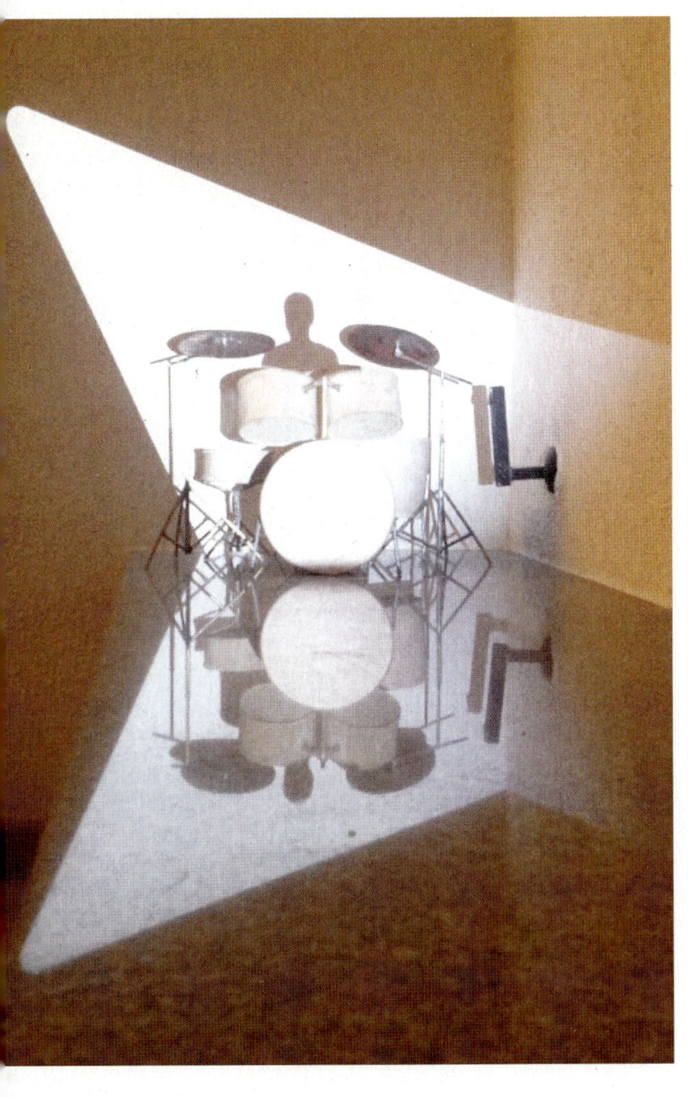

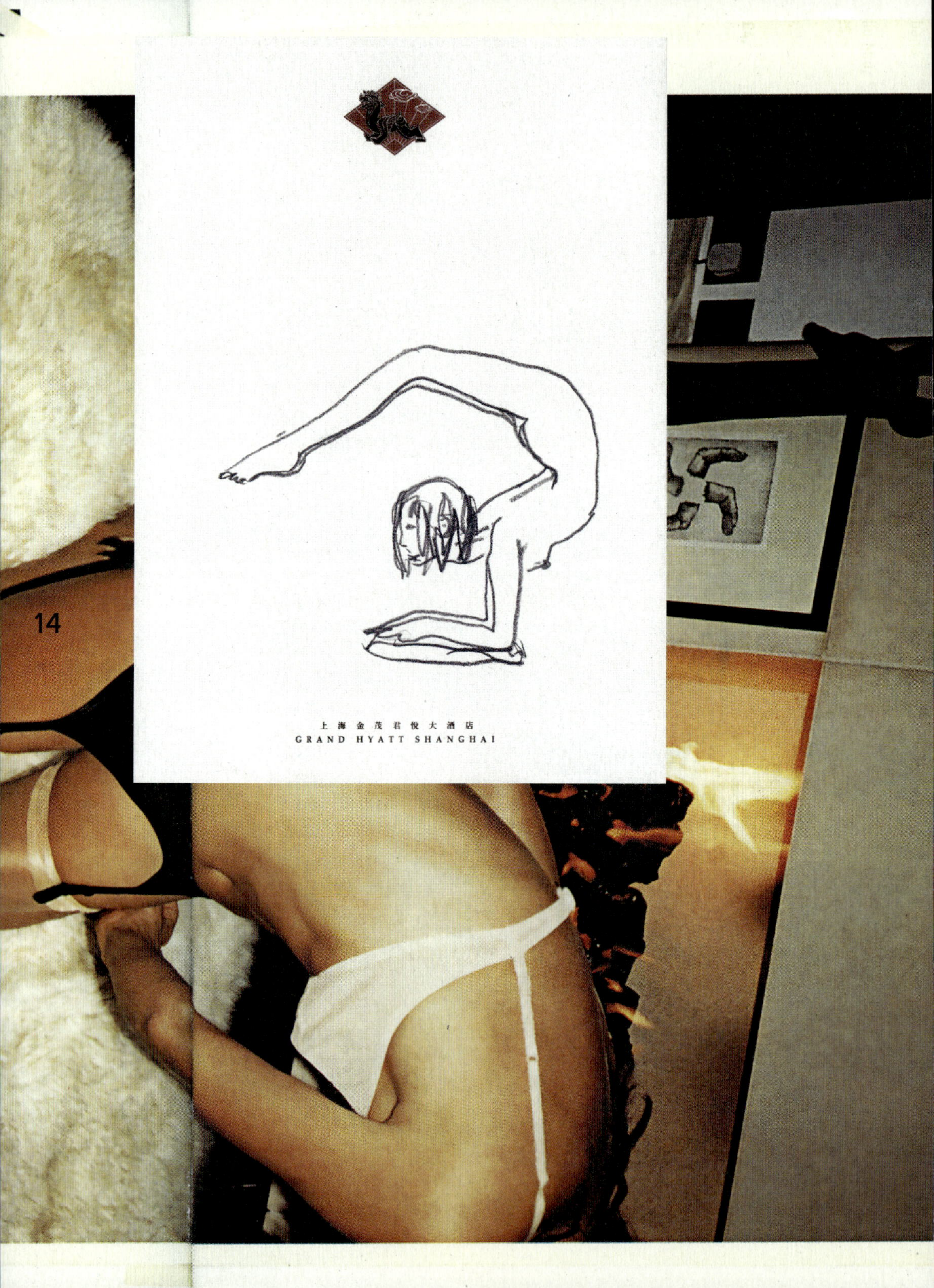
14
上海金茂君悦大酒店
GRAND HYATT SHANGHAI

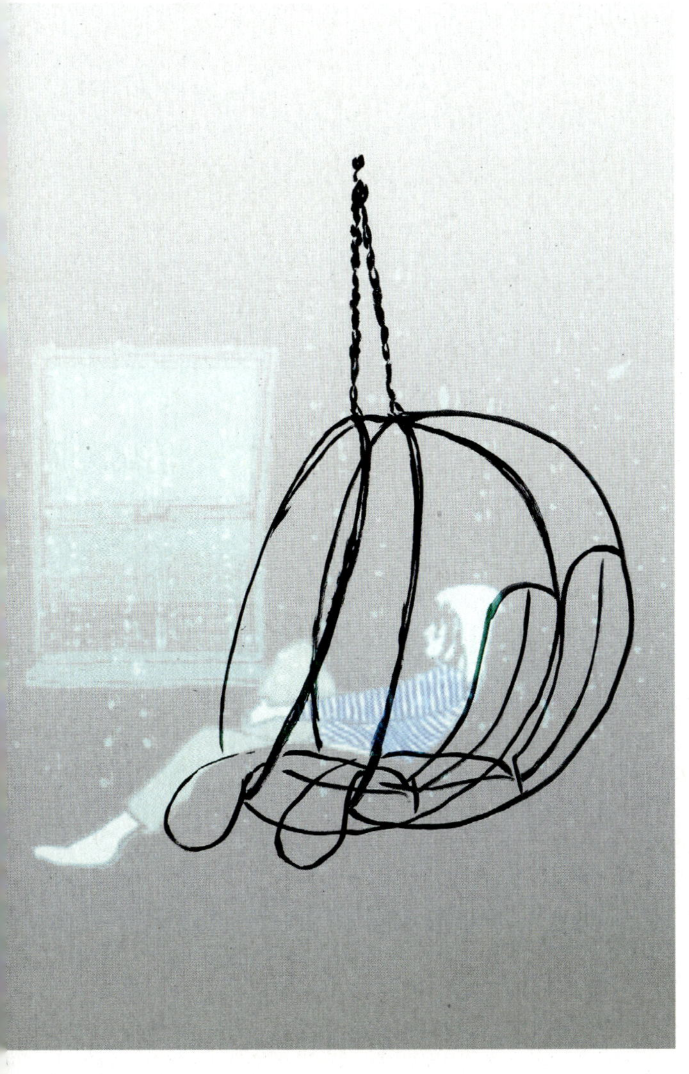

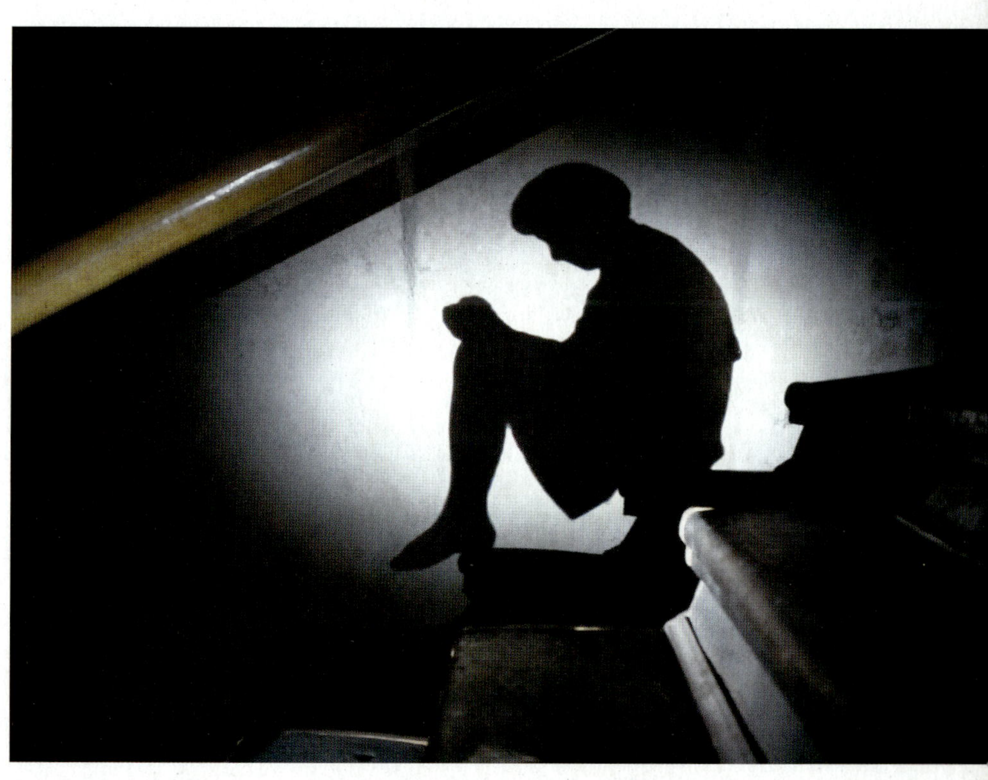

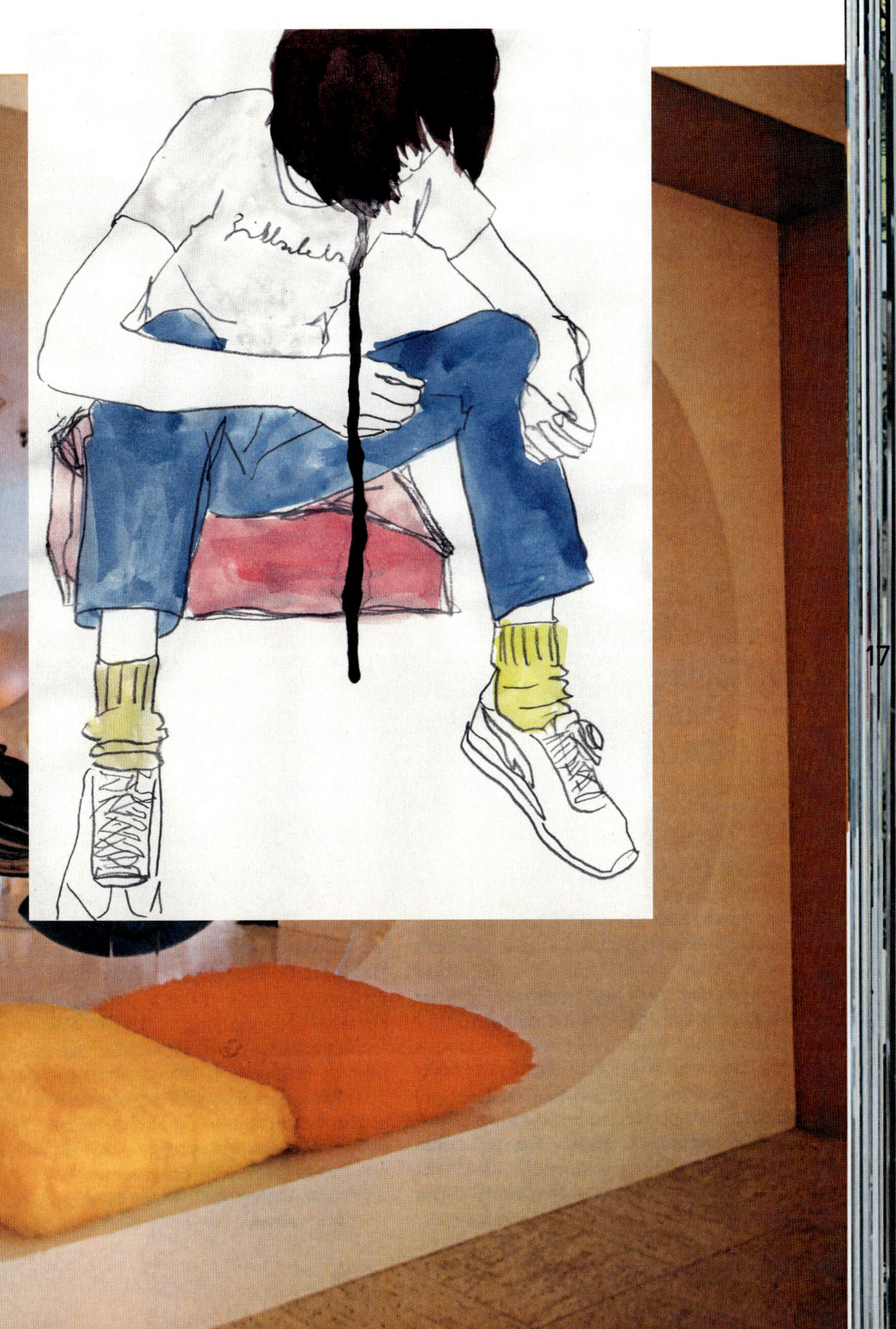

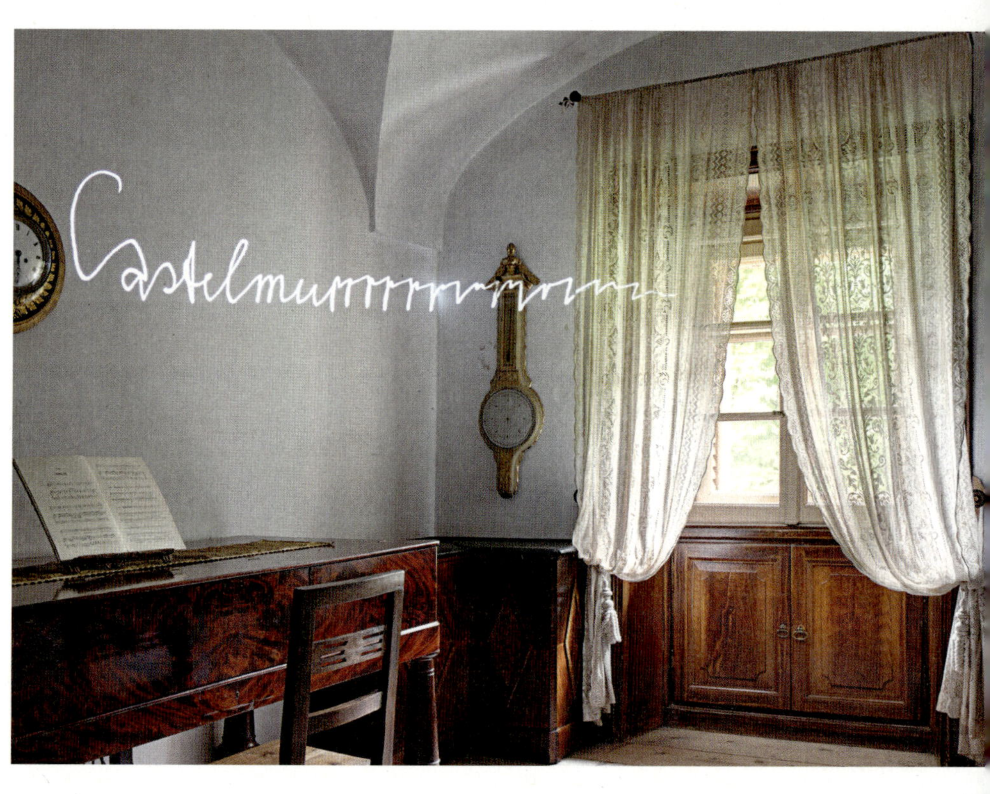
Castelmur

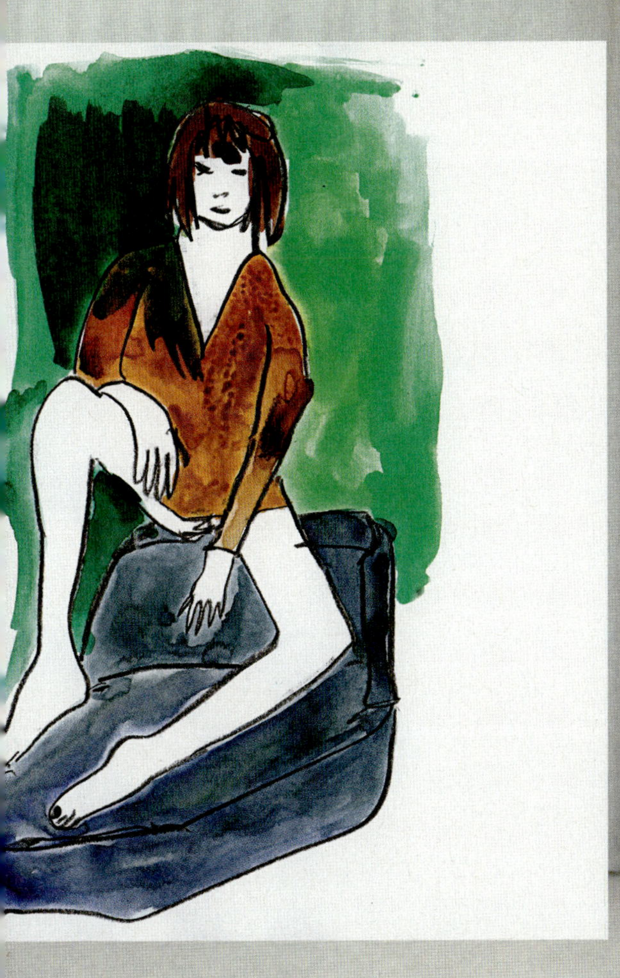

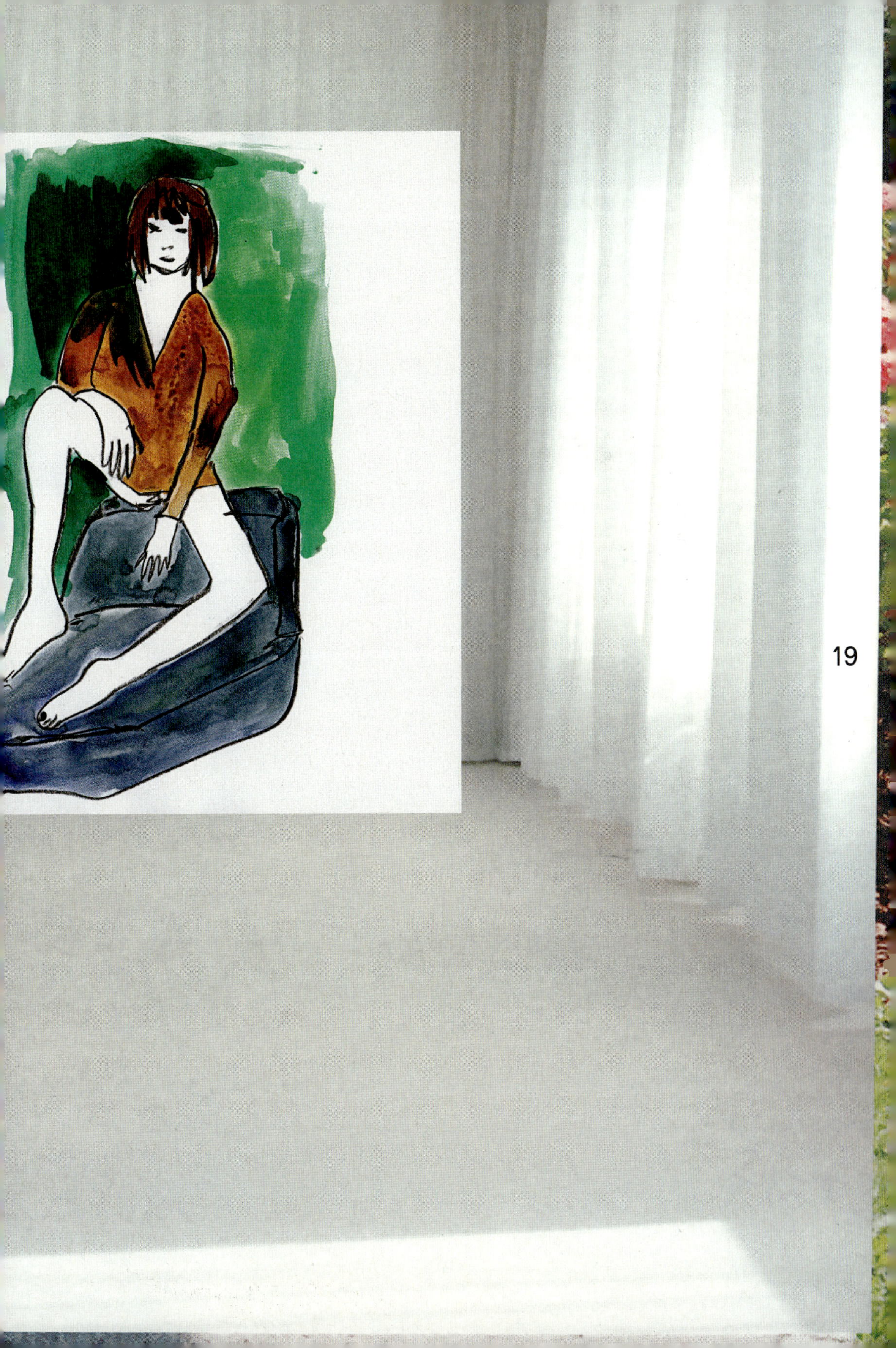

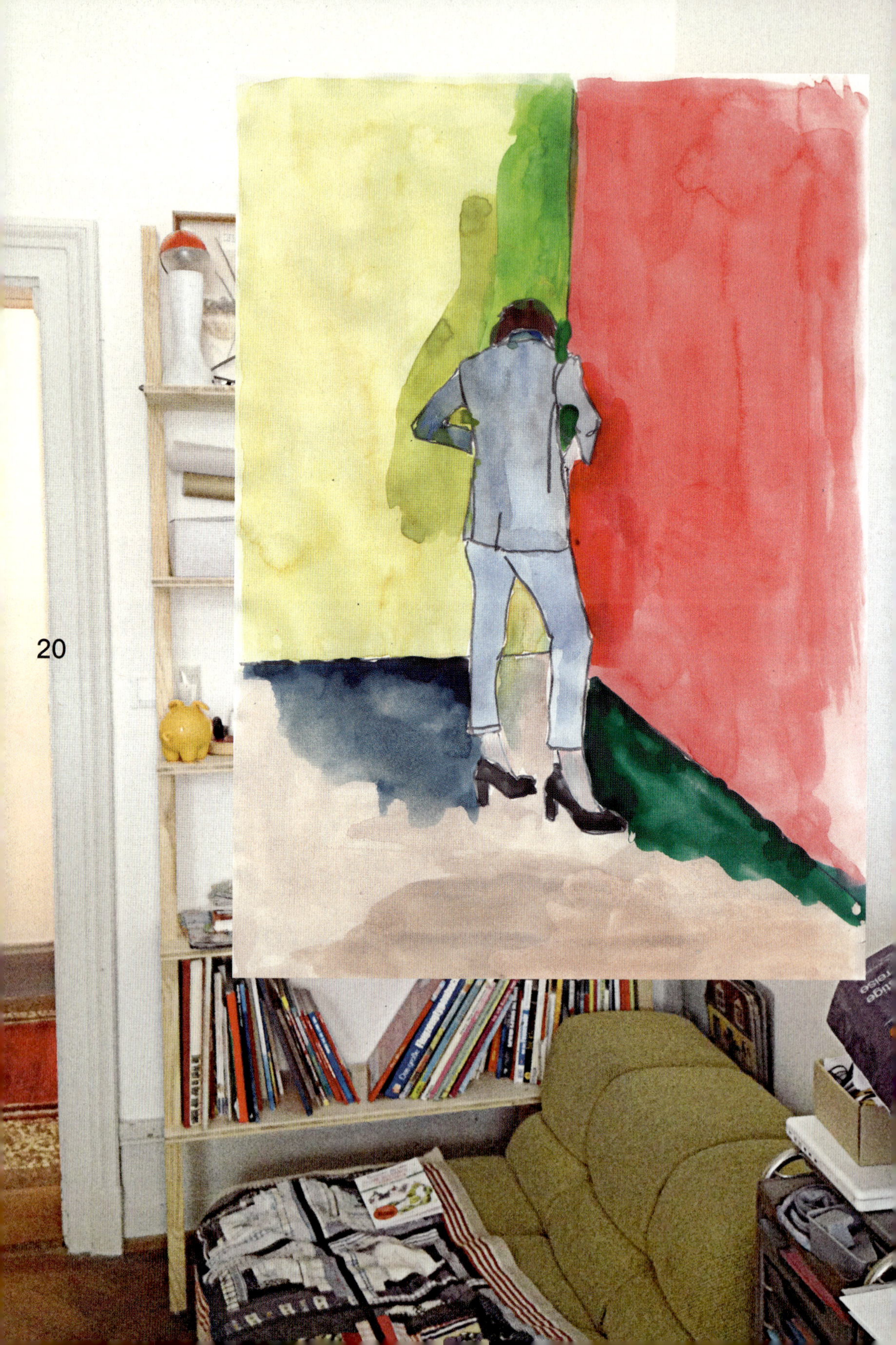

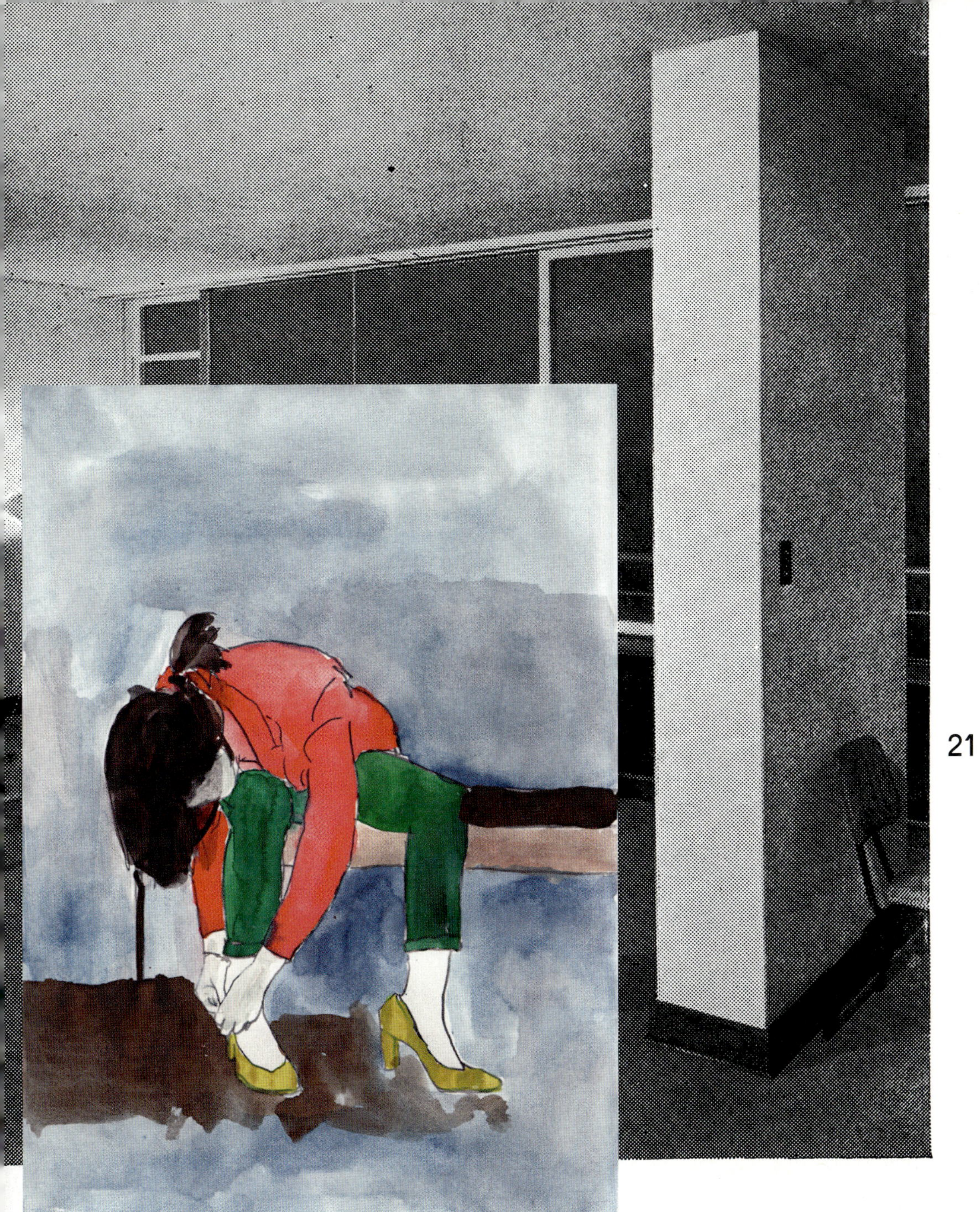

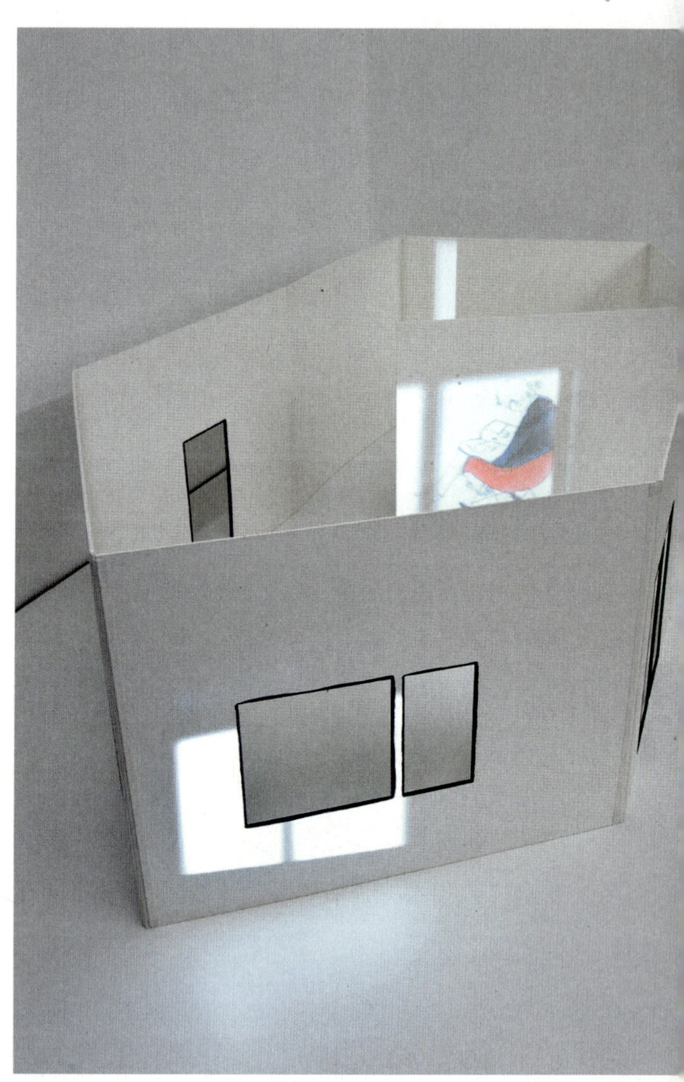

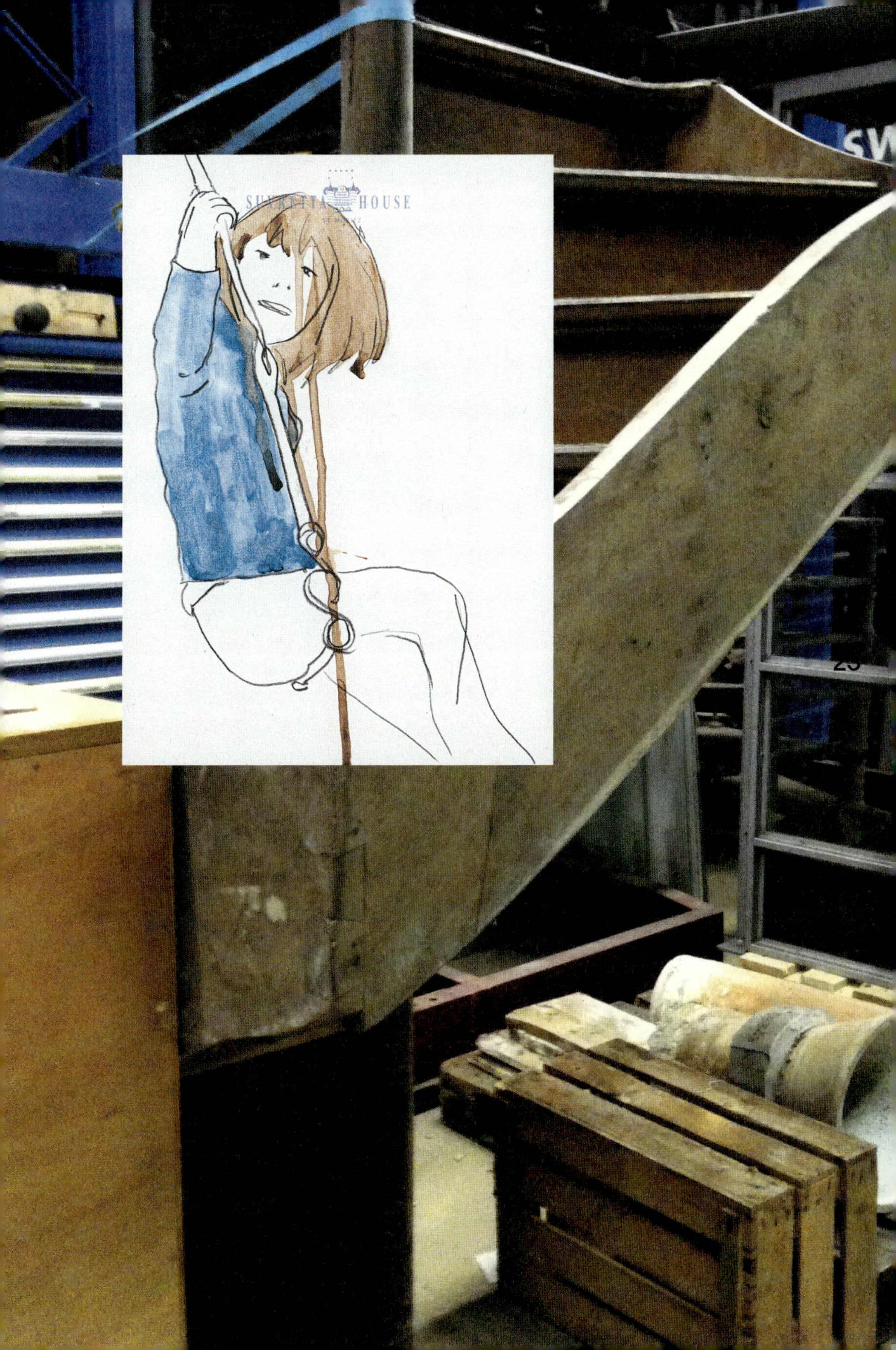

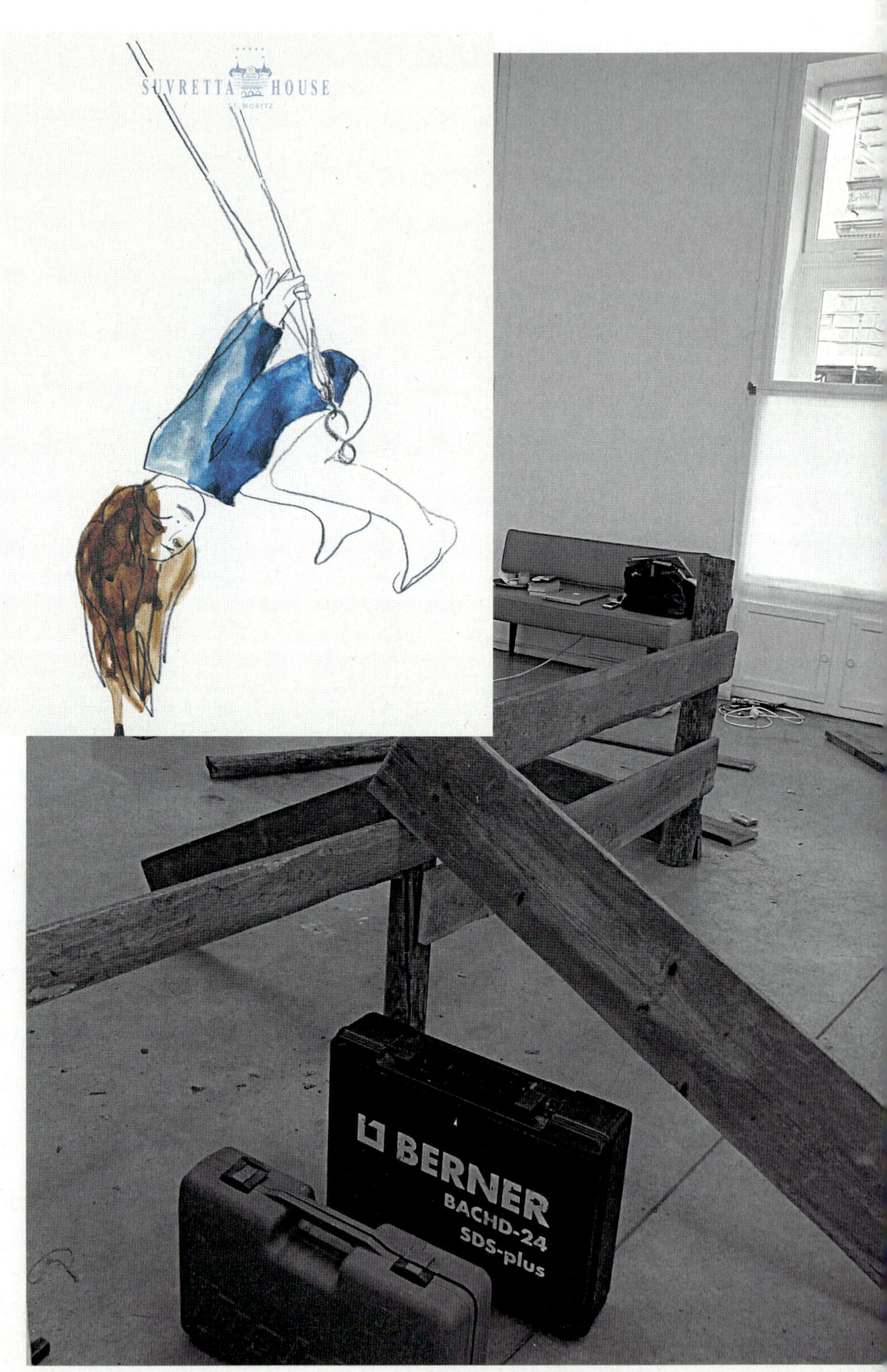
SUVRETTA HOUSE
ST. MORITZ
BERNER
BACHD-24
SDS-plus

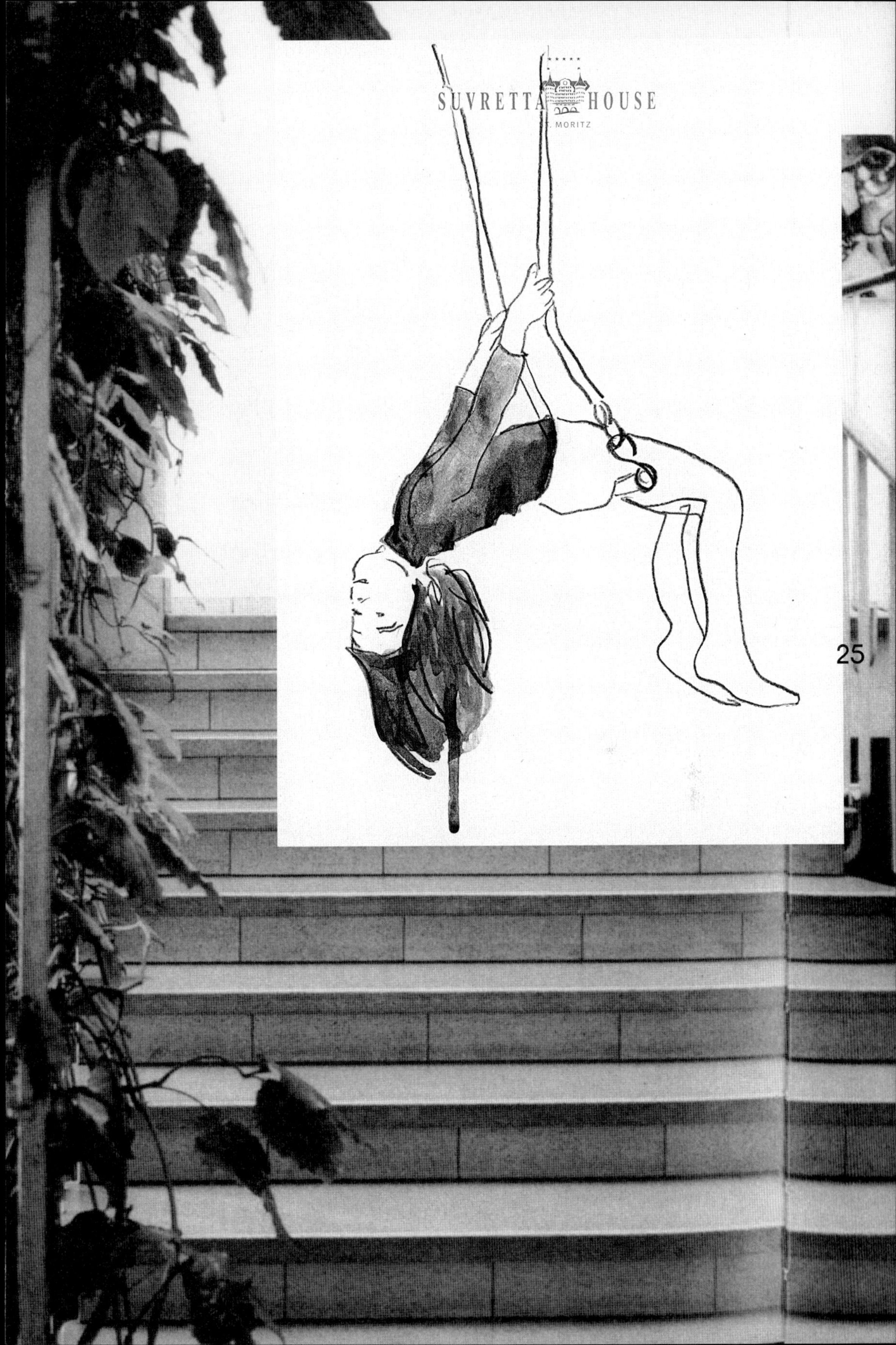

25

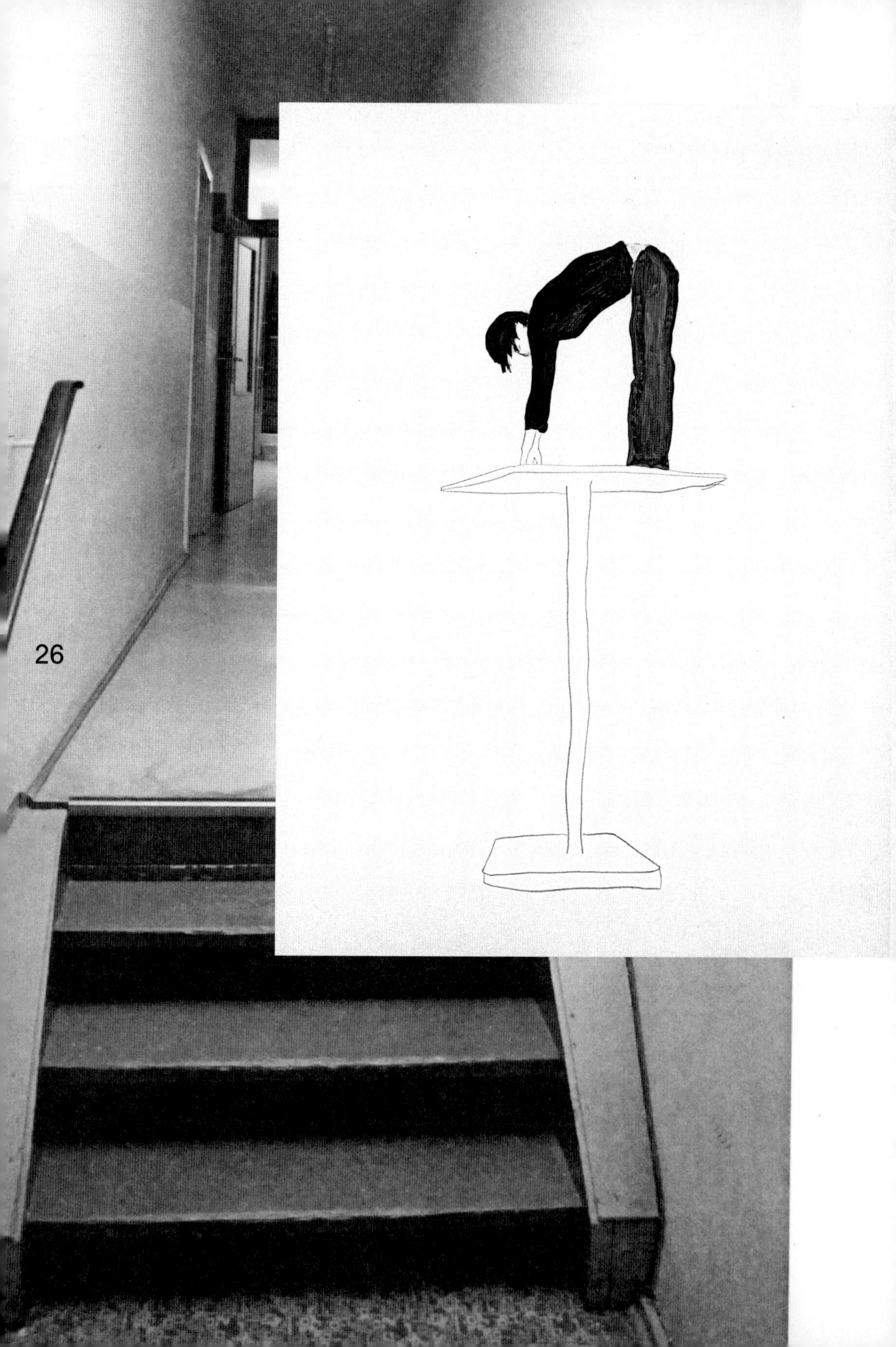

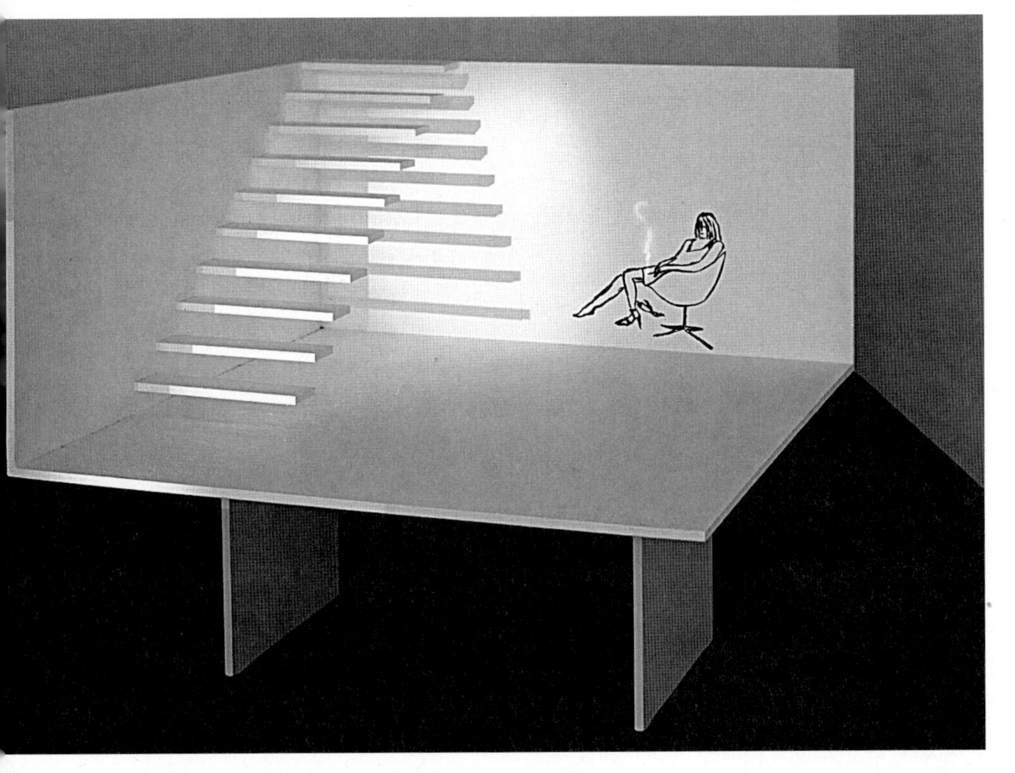

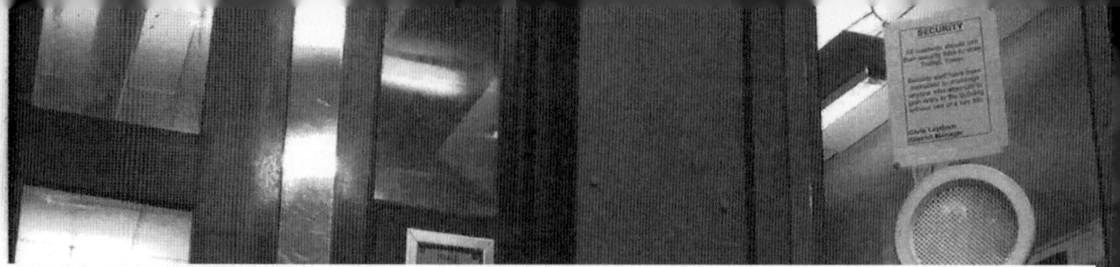
SECURITY

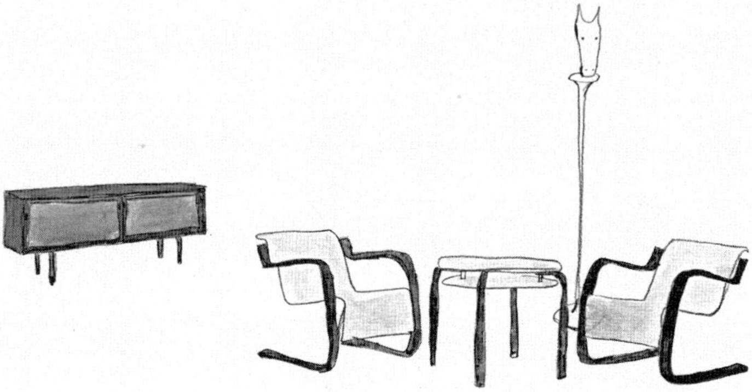

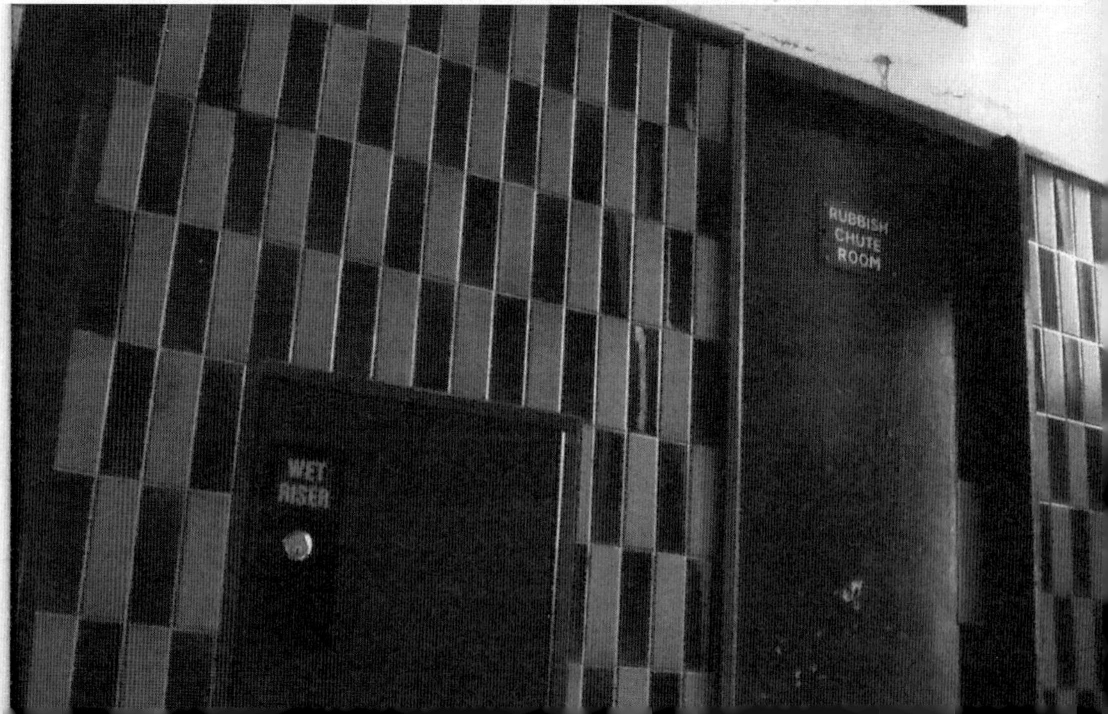
RUBBISH
CHUTE
ROOM
WET
RISER

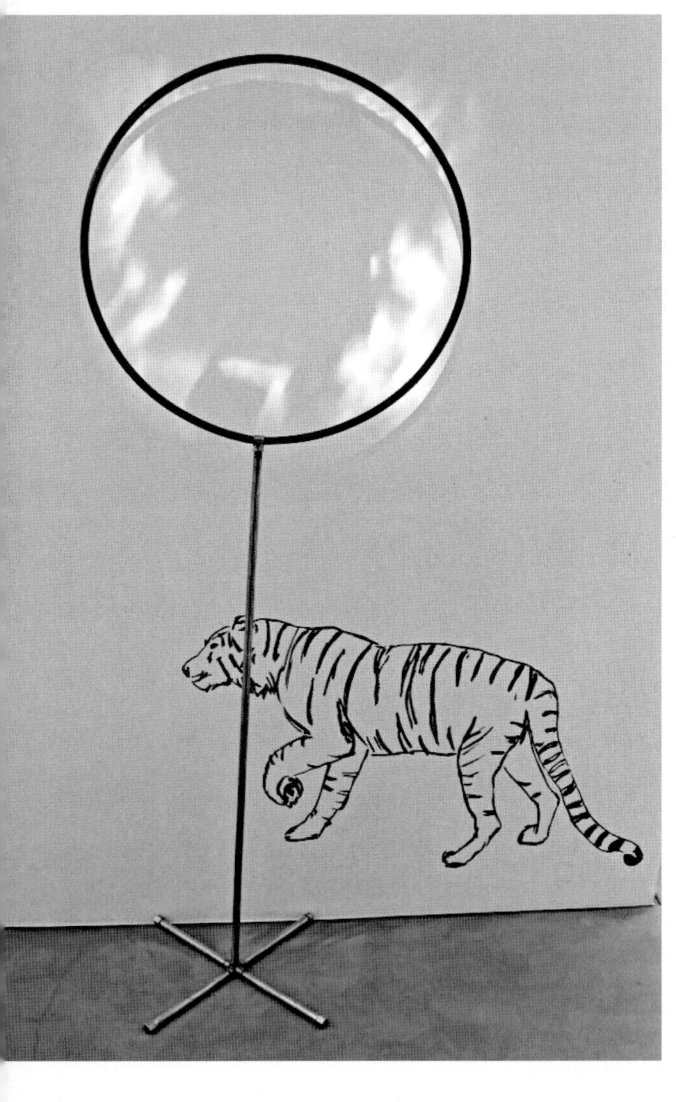

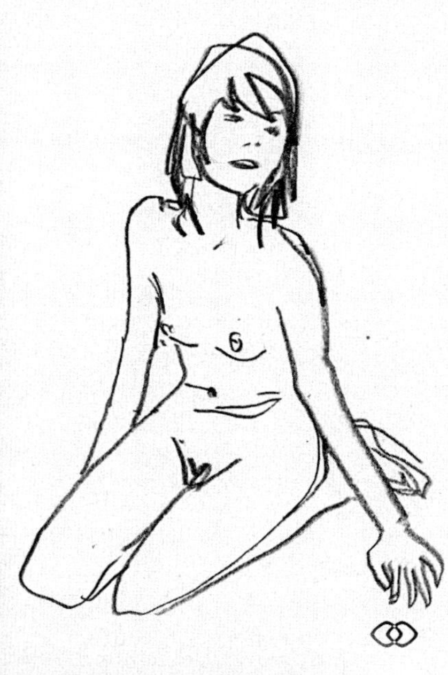
S O F I T E L
LUXURY HOTELS

VIENNA STEPHANSDOM

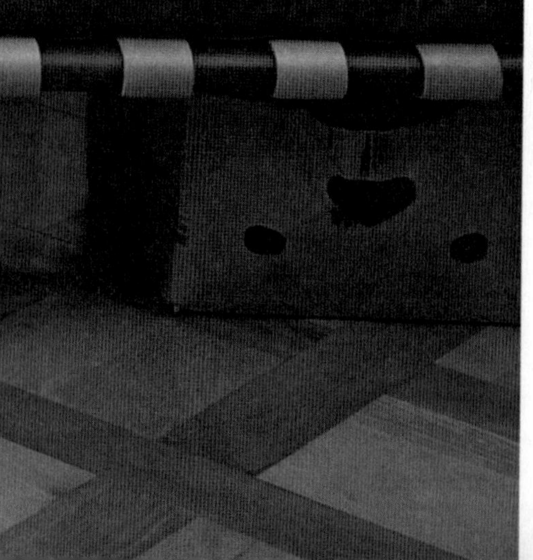

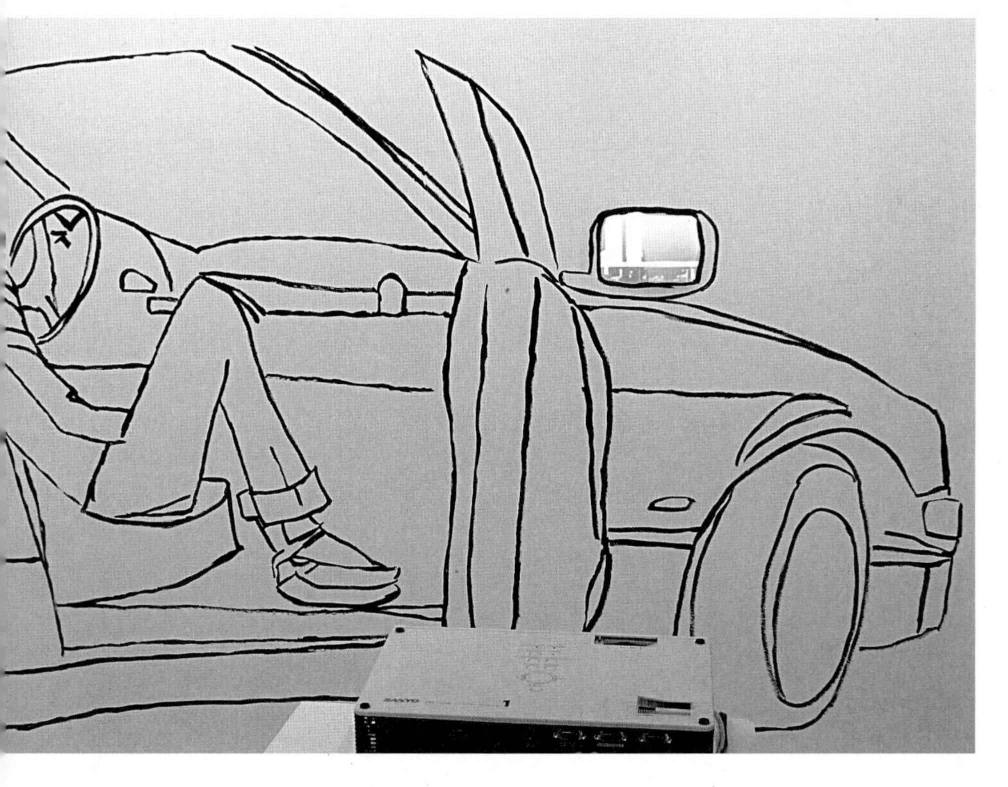

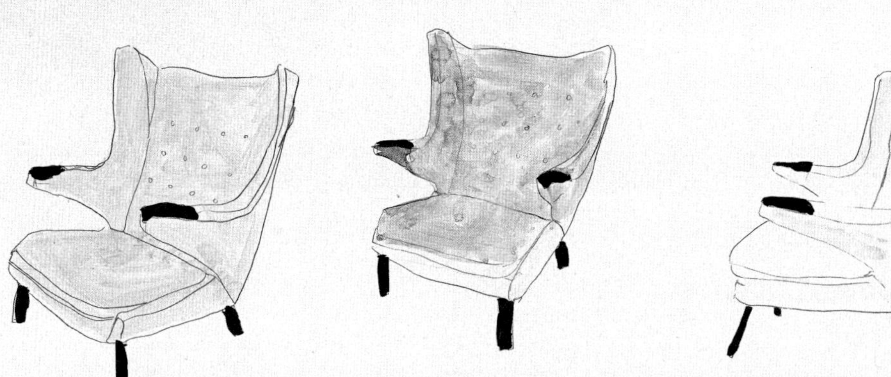
PAPA CHAIR   September 2011

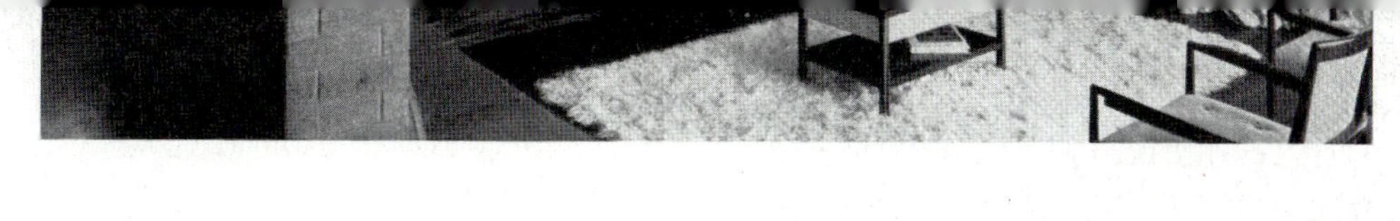
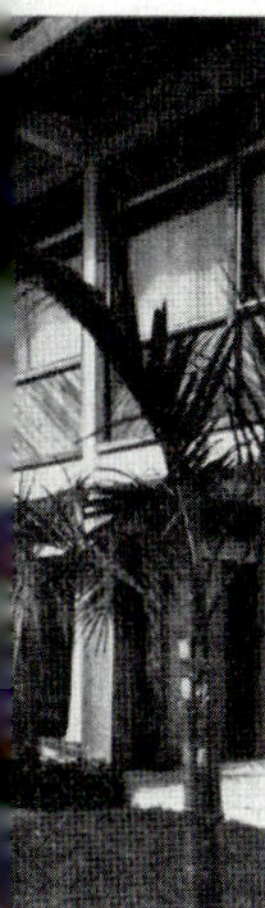

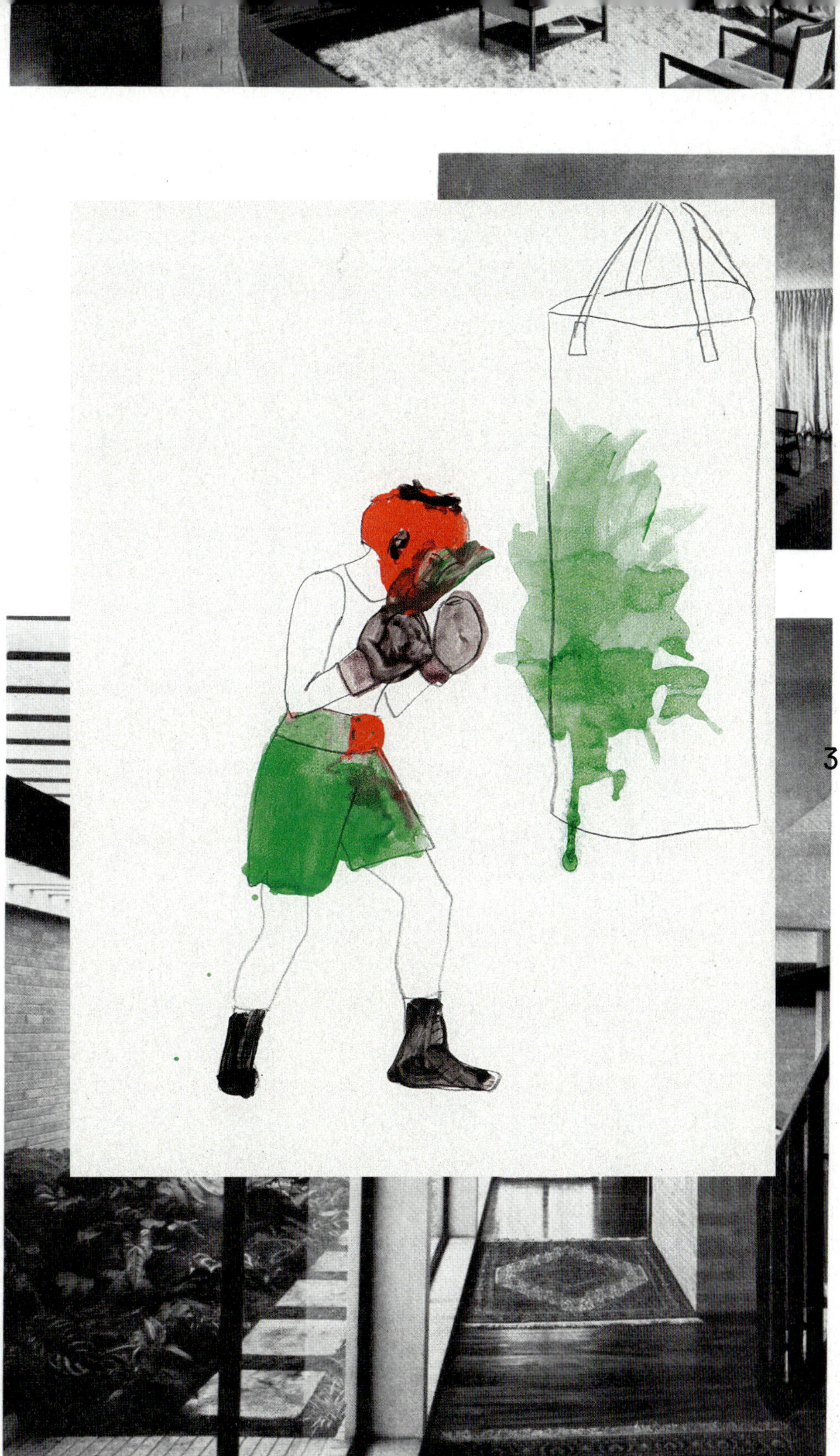

33

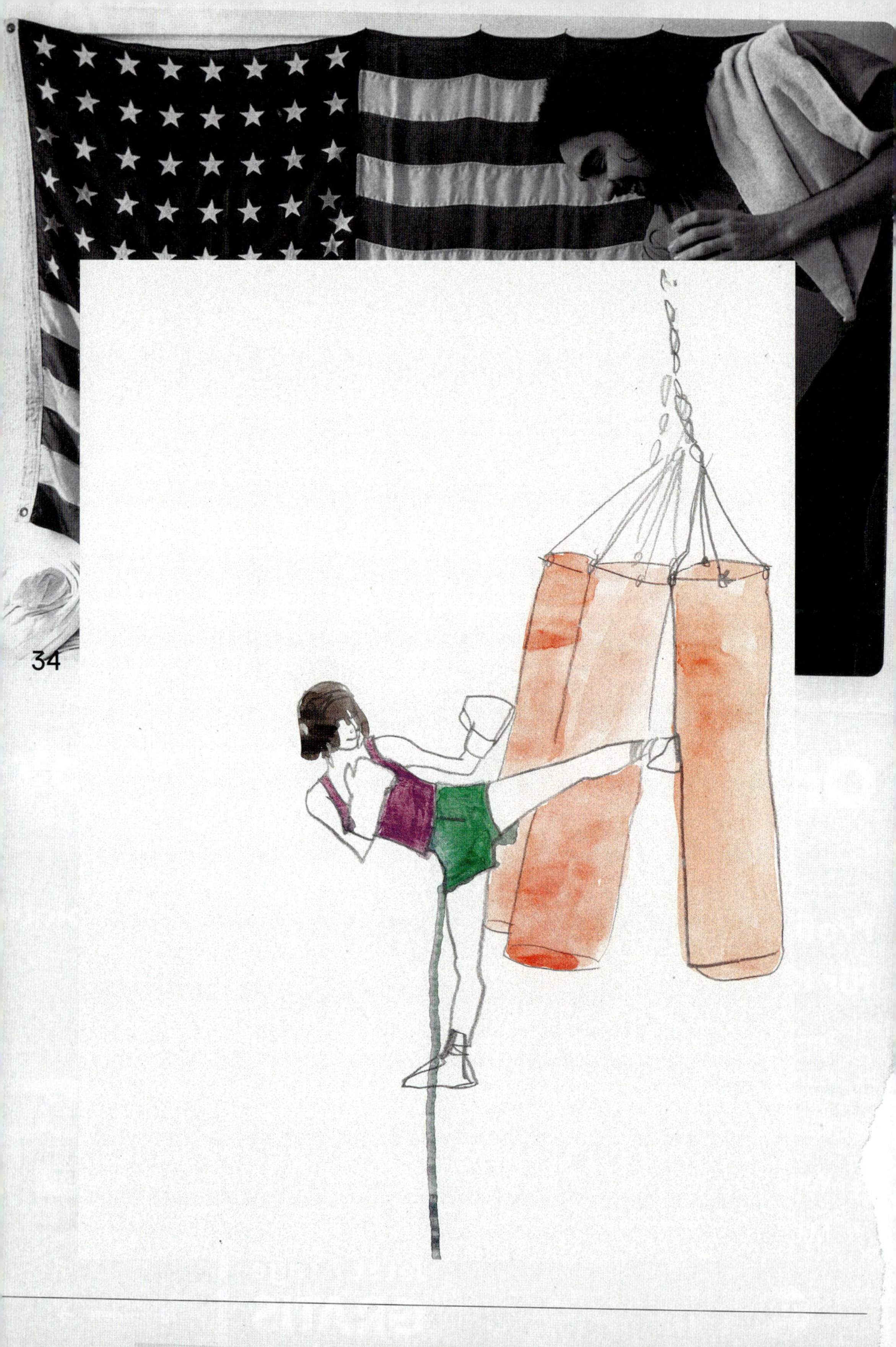

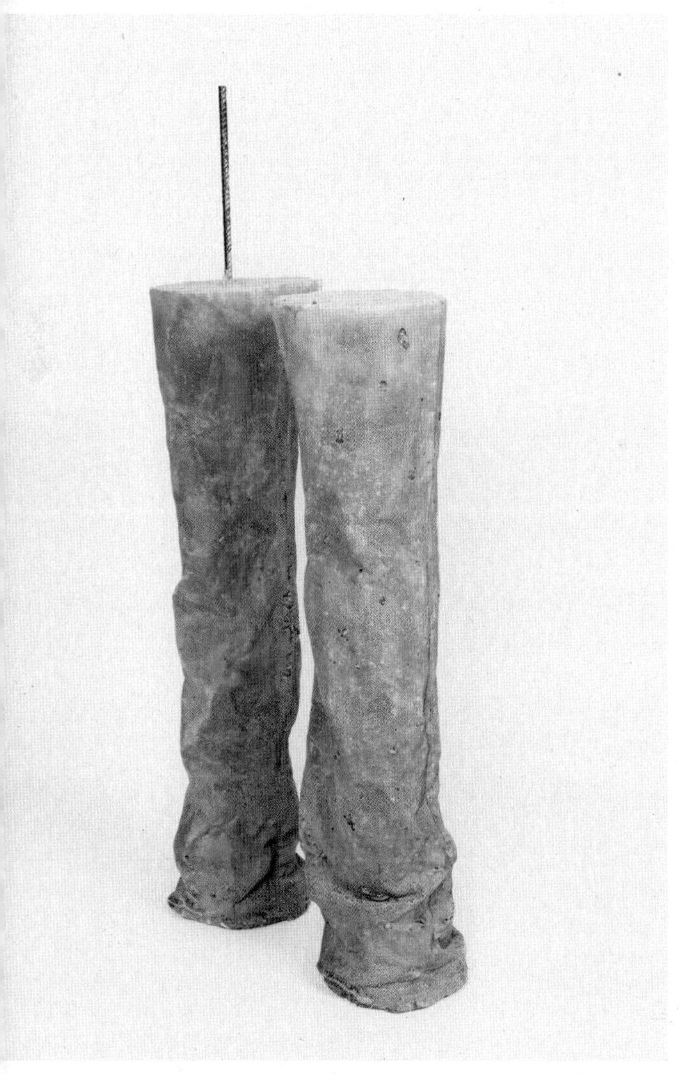

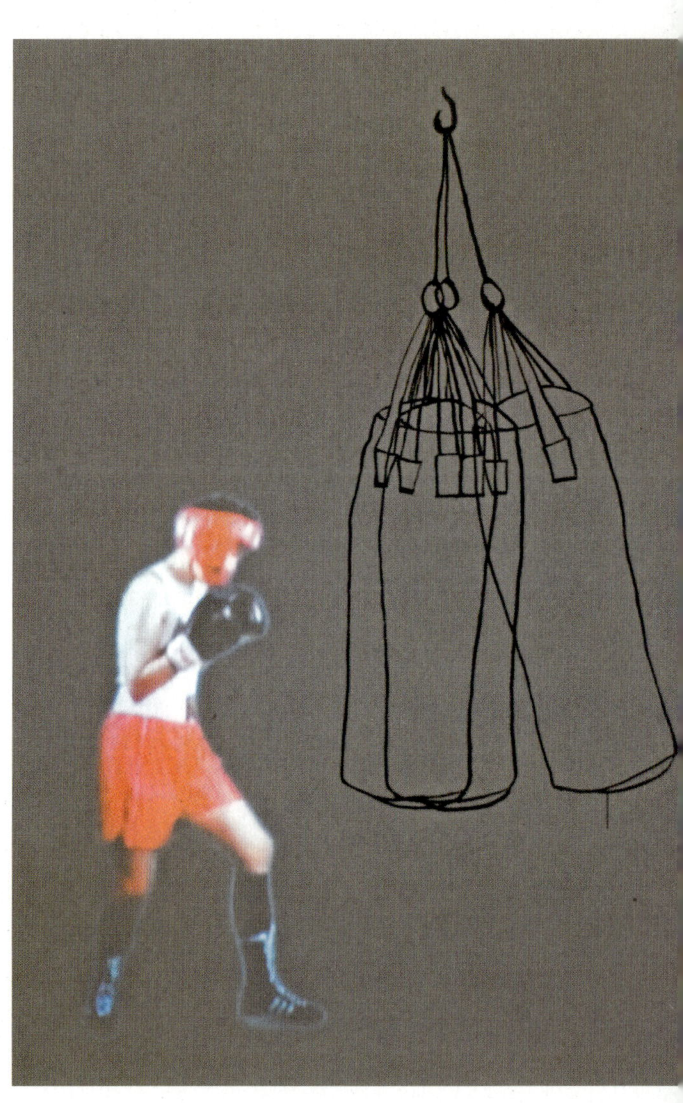

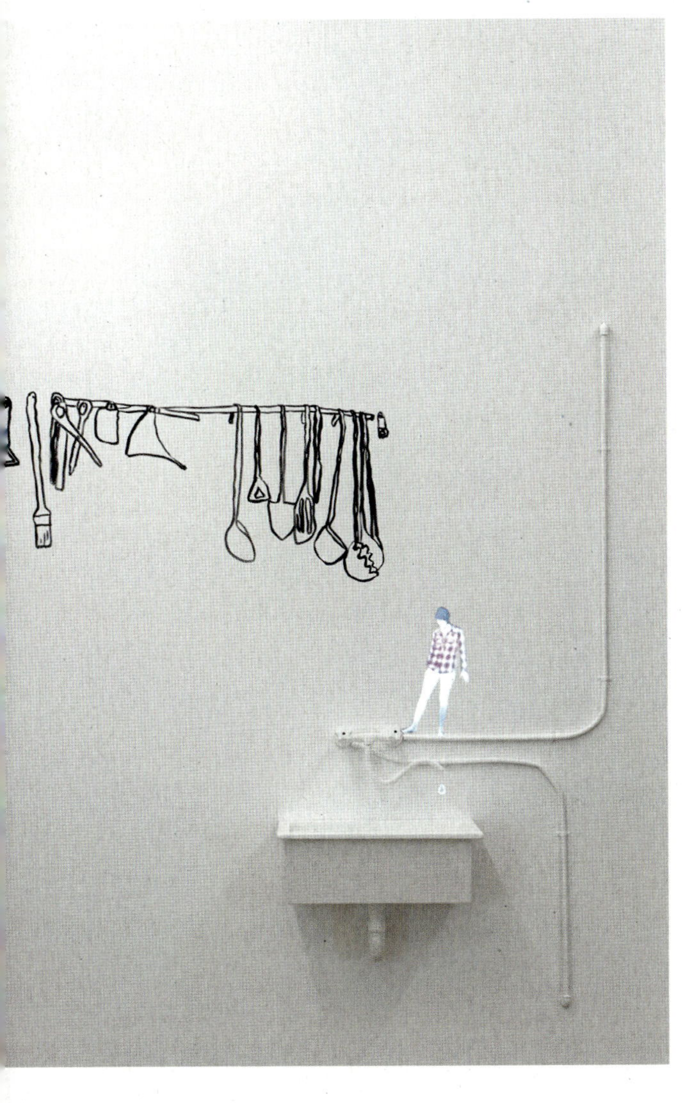

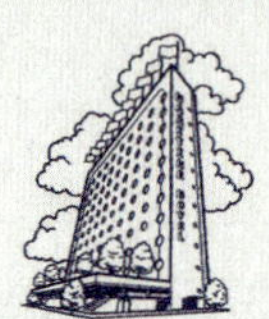
363 WEST 16TH STREET NEW YORK 10011 www.THEMARITIMEHOTEL.com
TELEPHONE: (212) 242-4300 FACSIMILE: (212) 242-1188

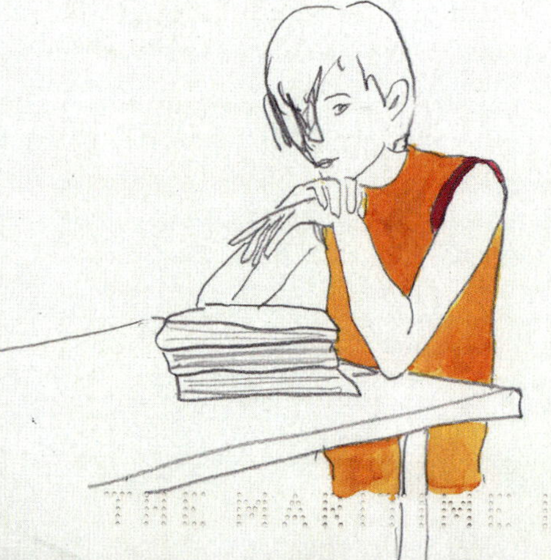
THE MARITIME HOTEL

ROLEX

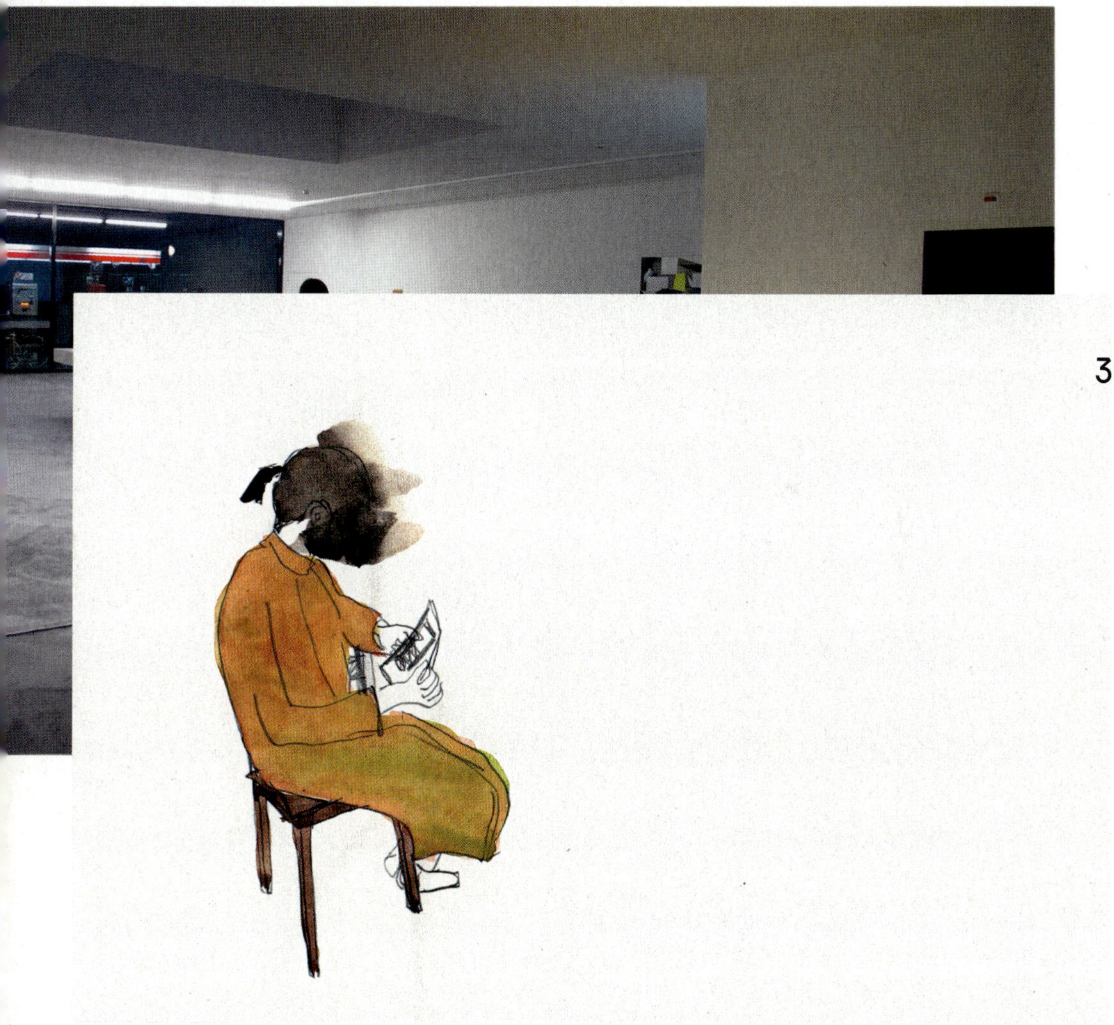

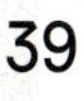

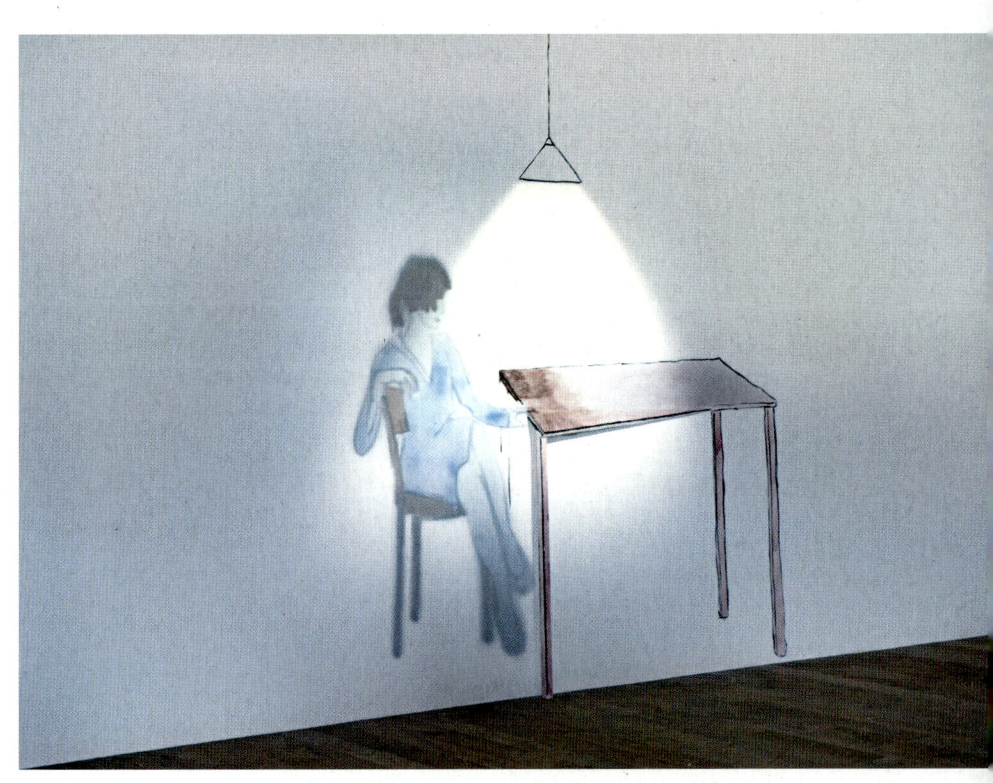

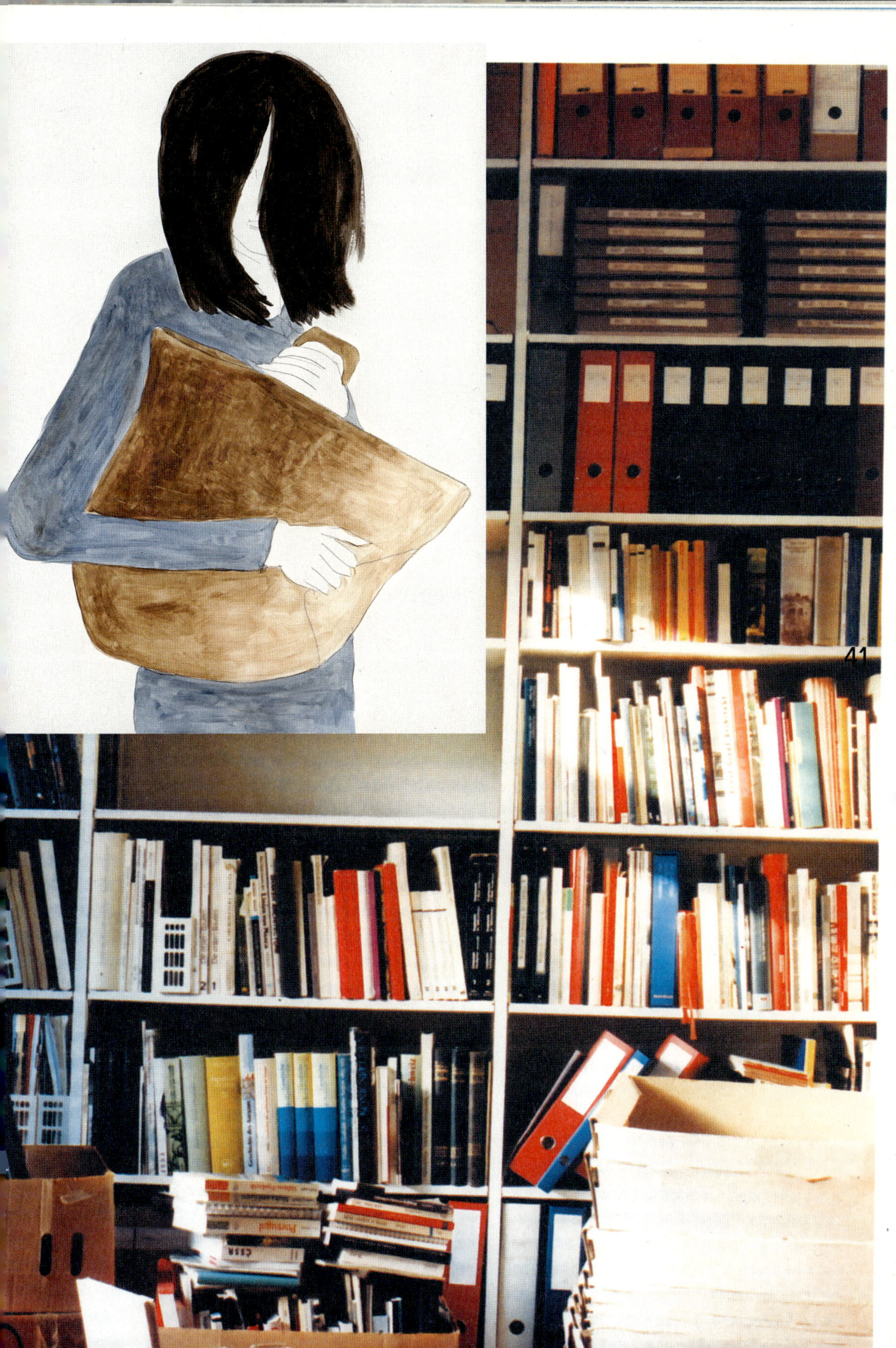

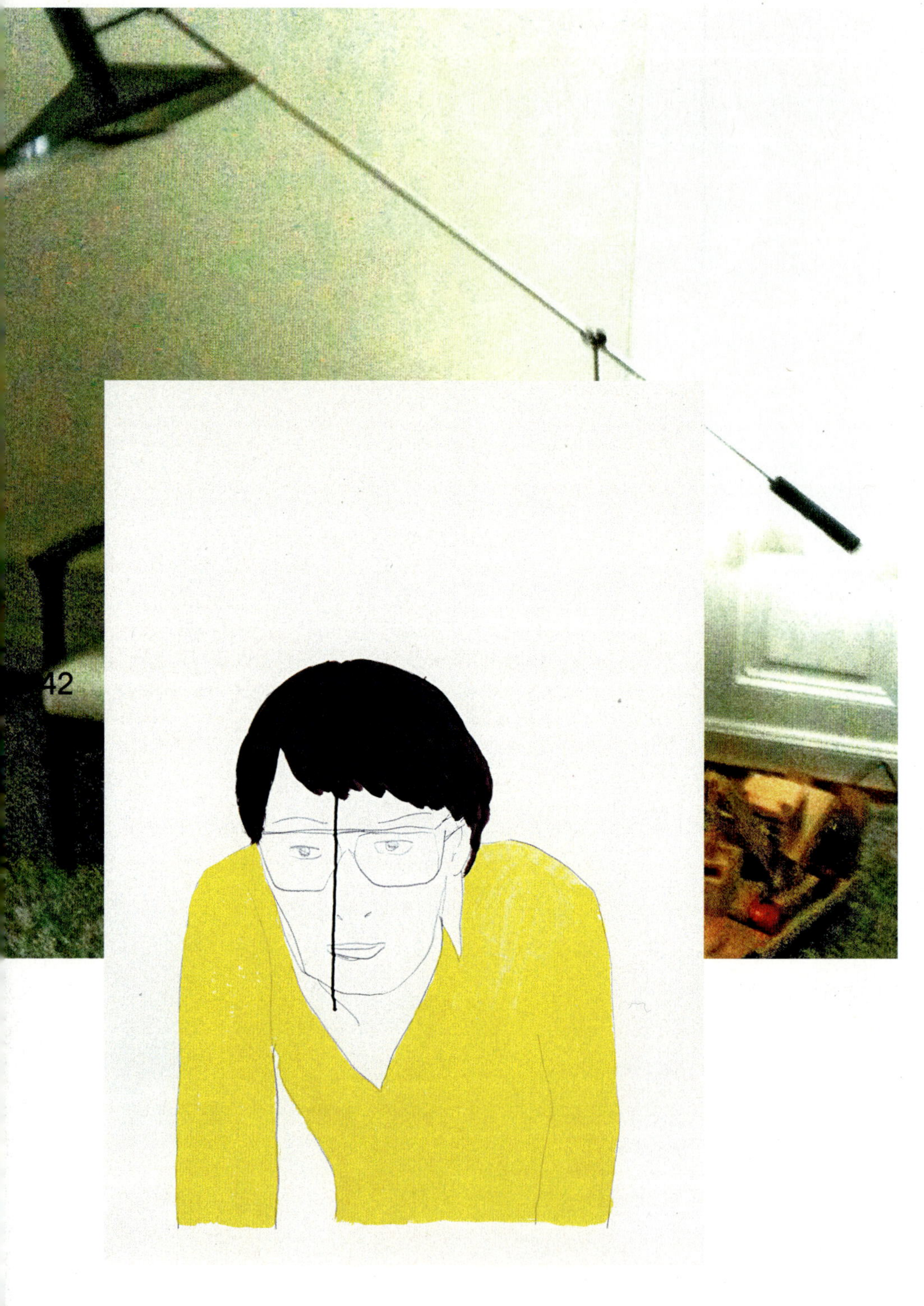

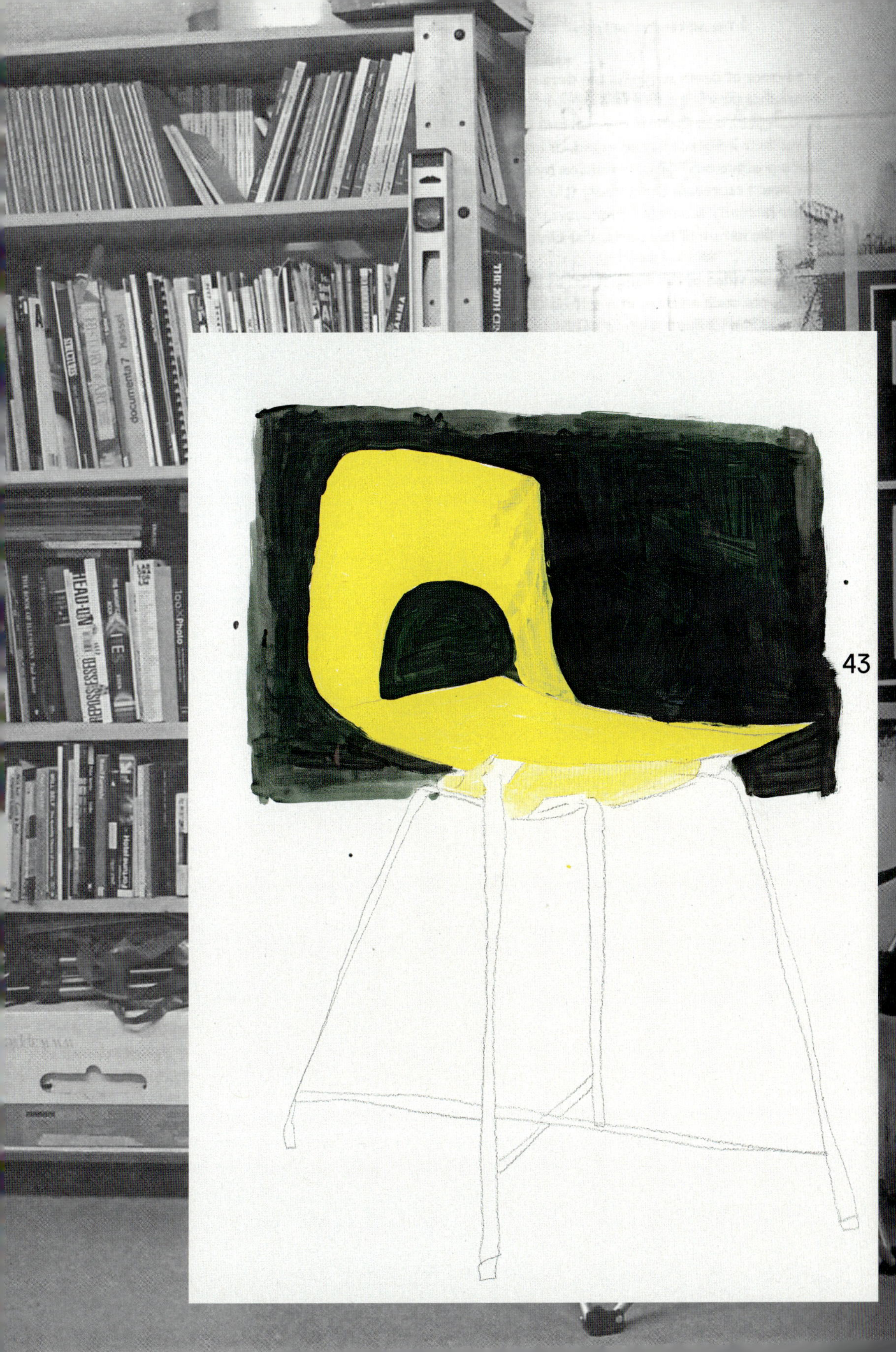

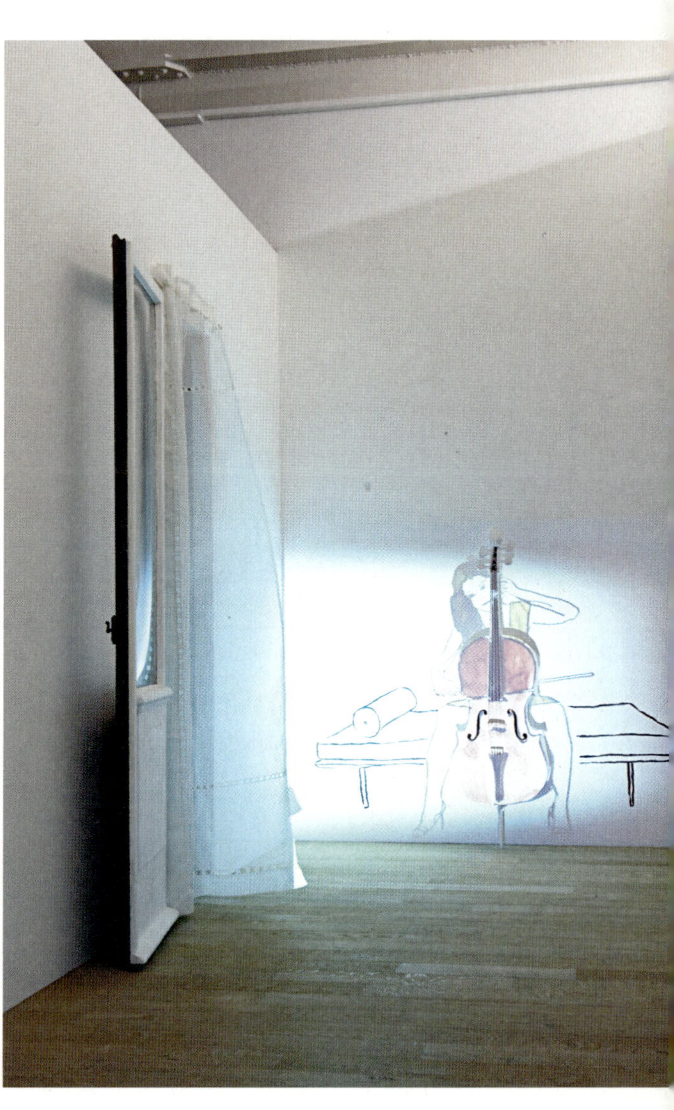

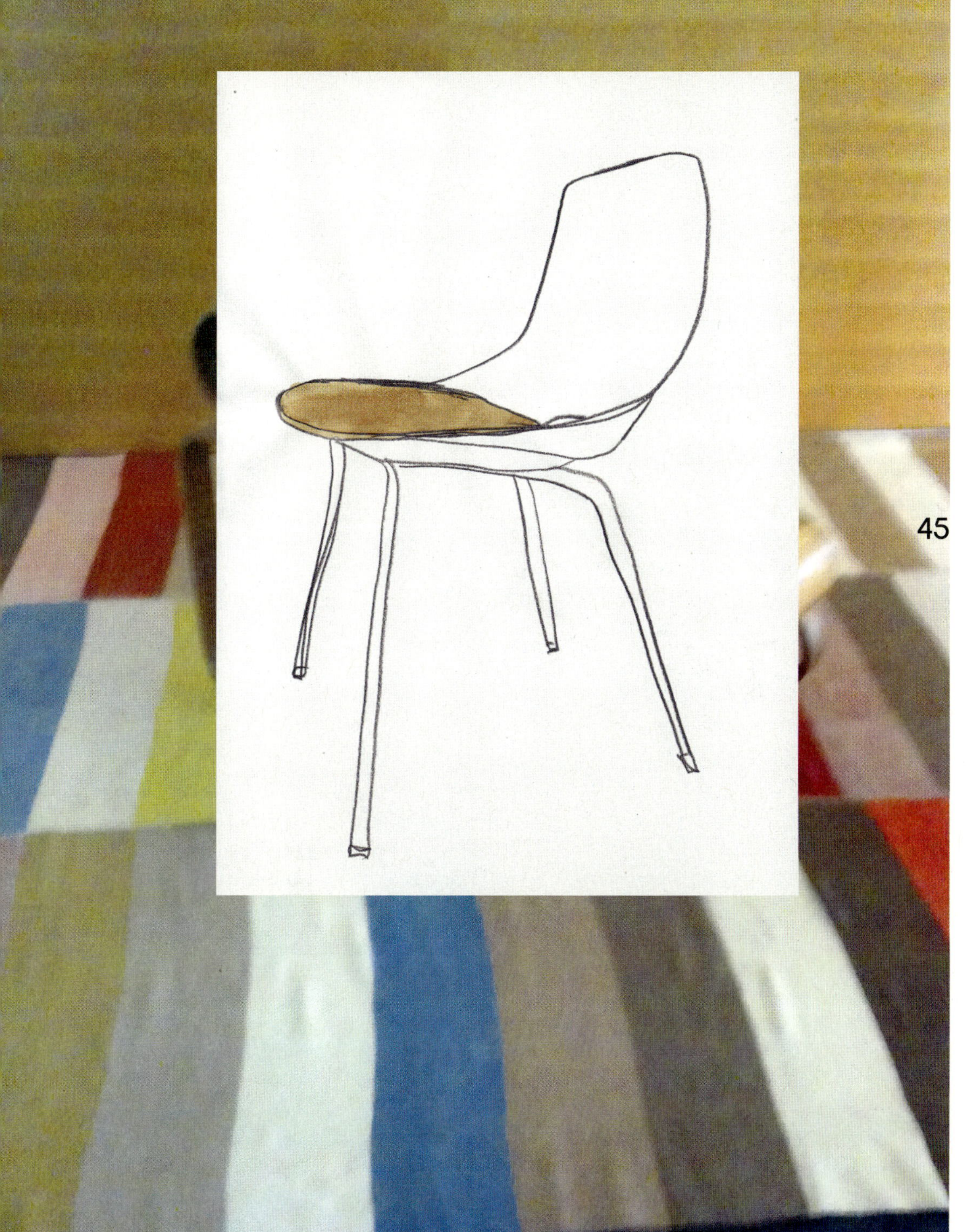

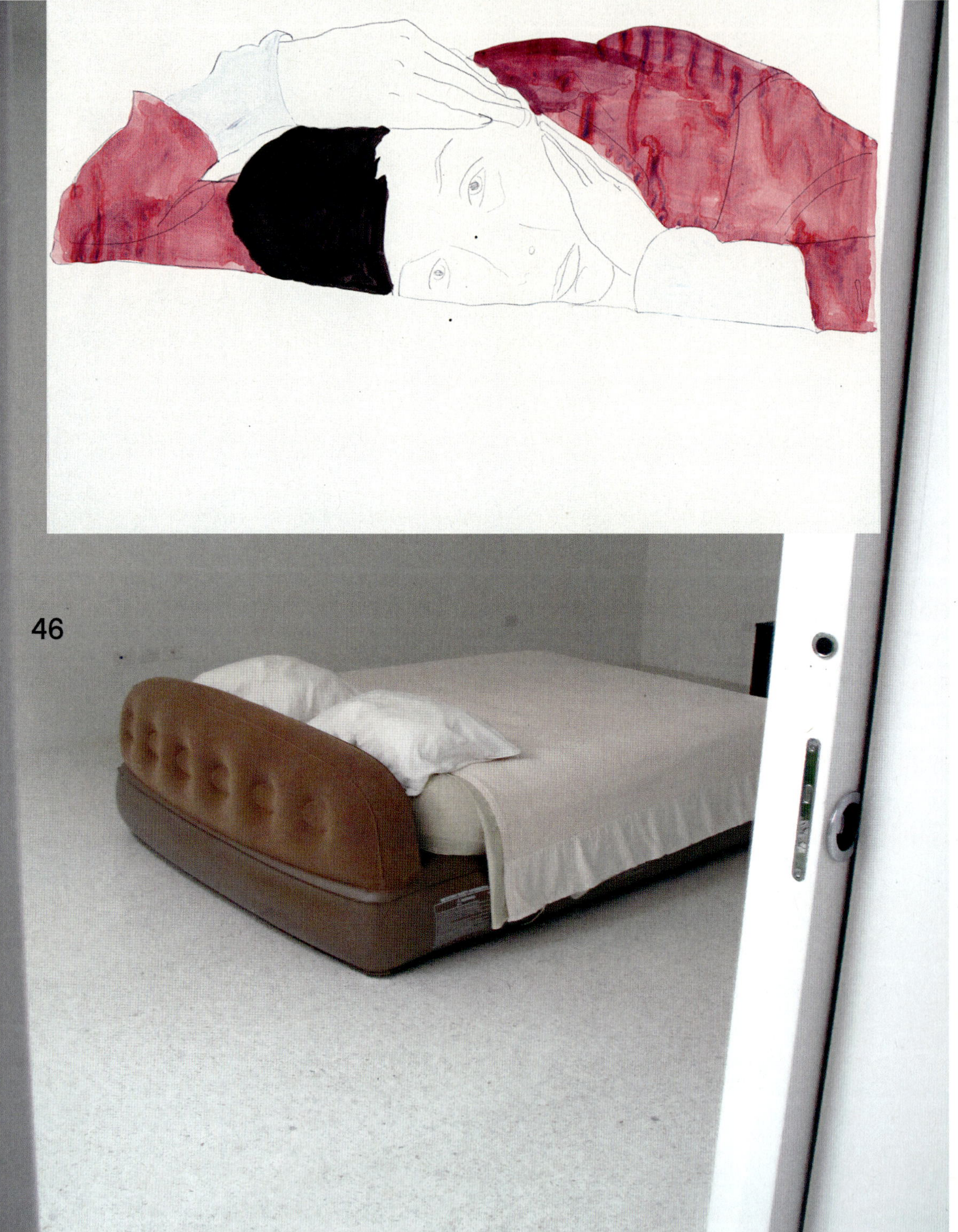

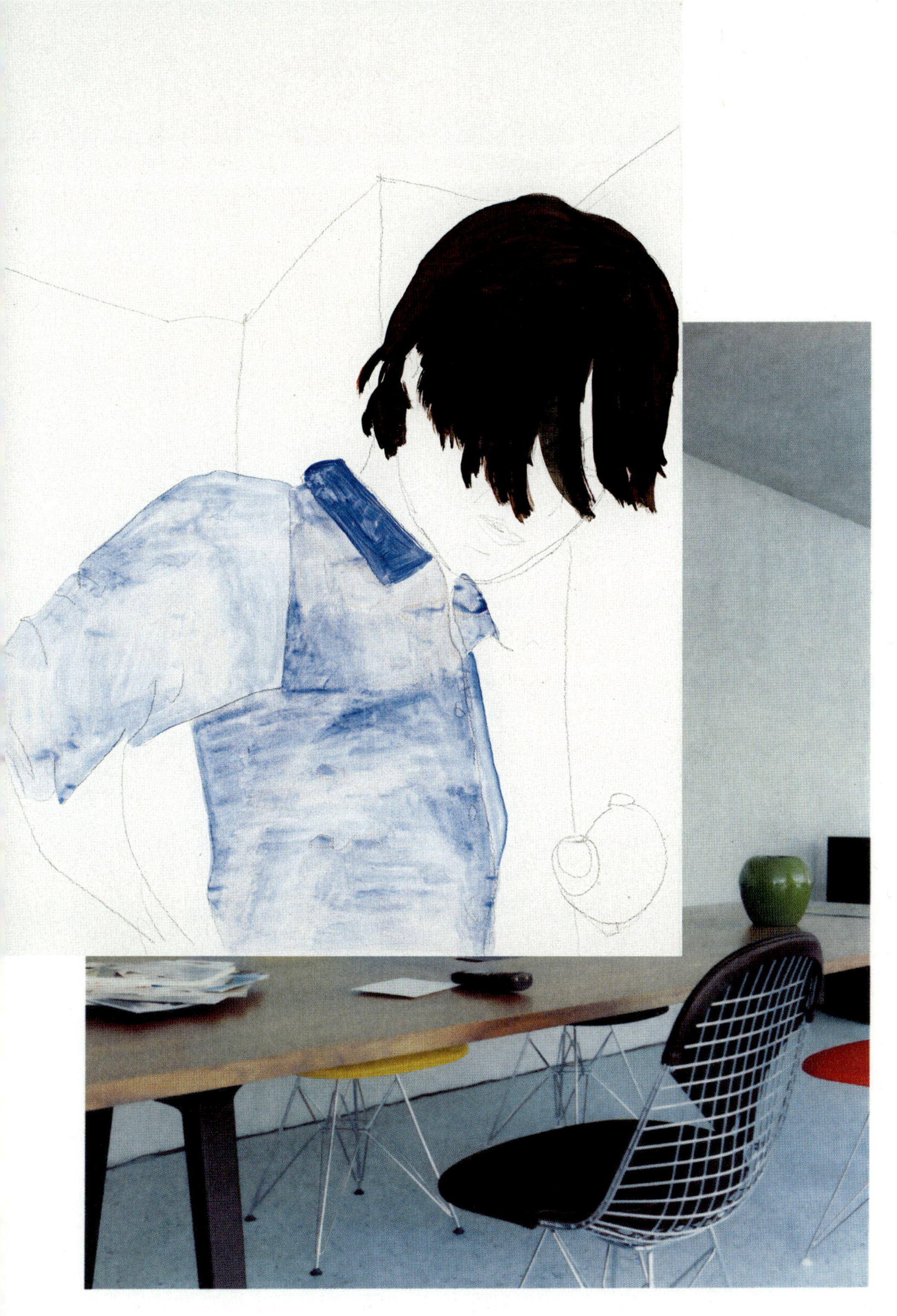

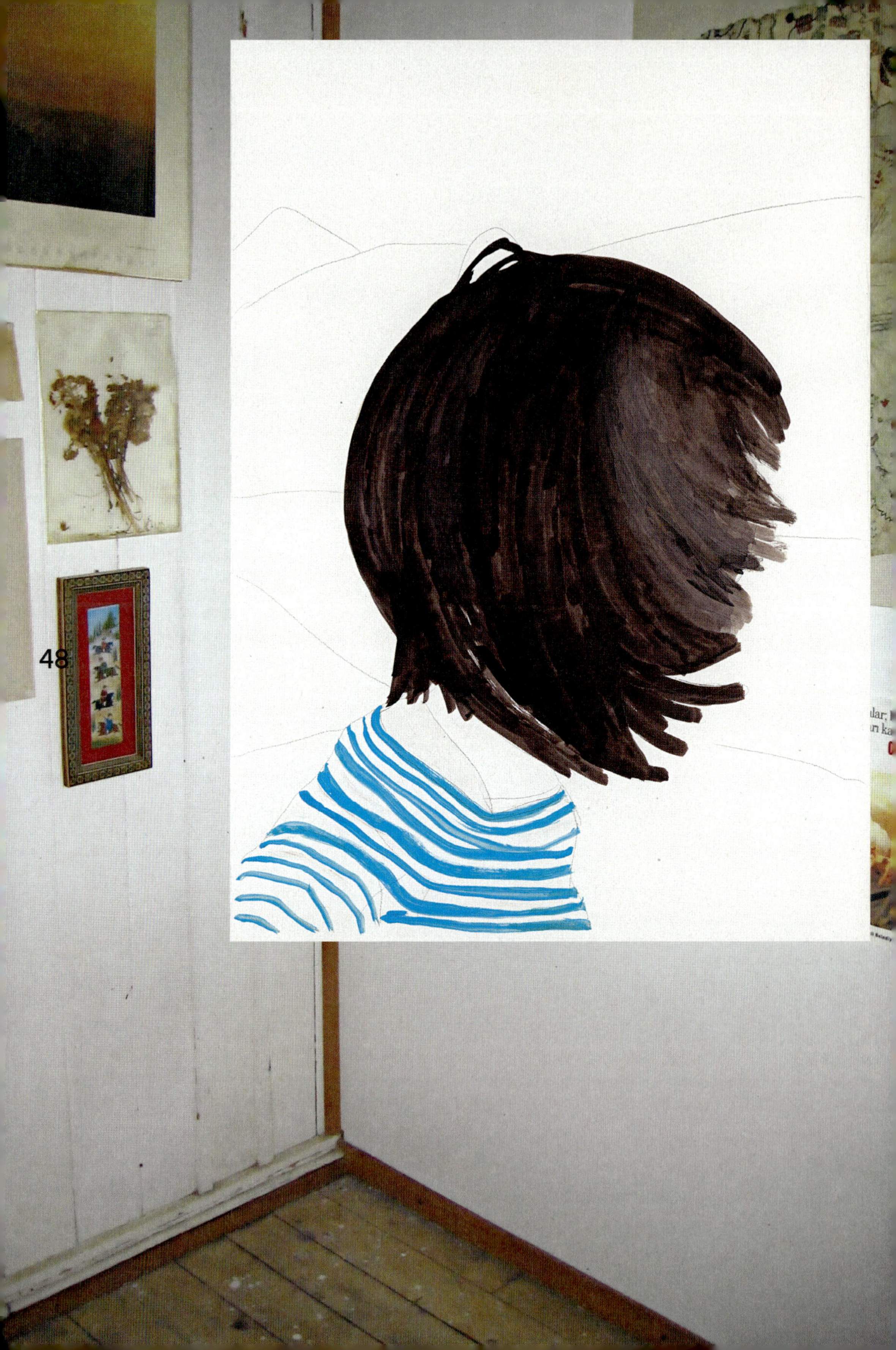

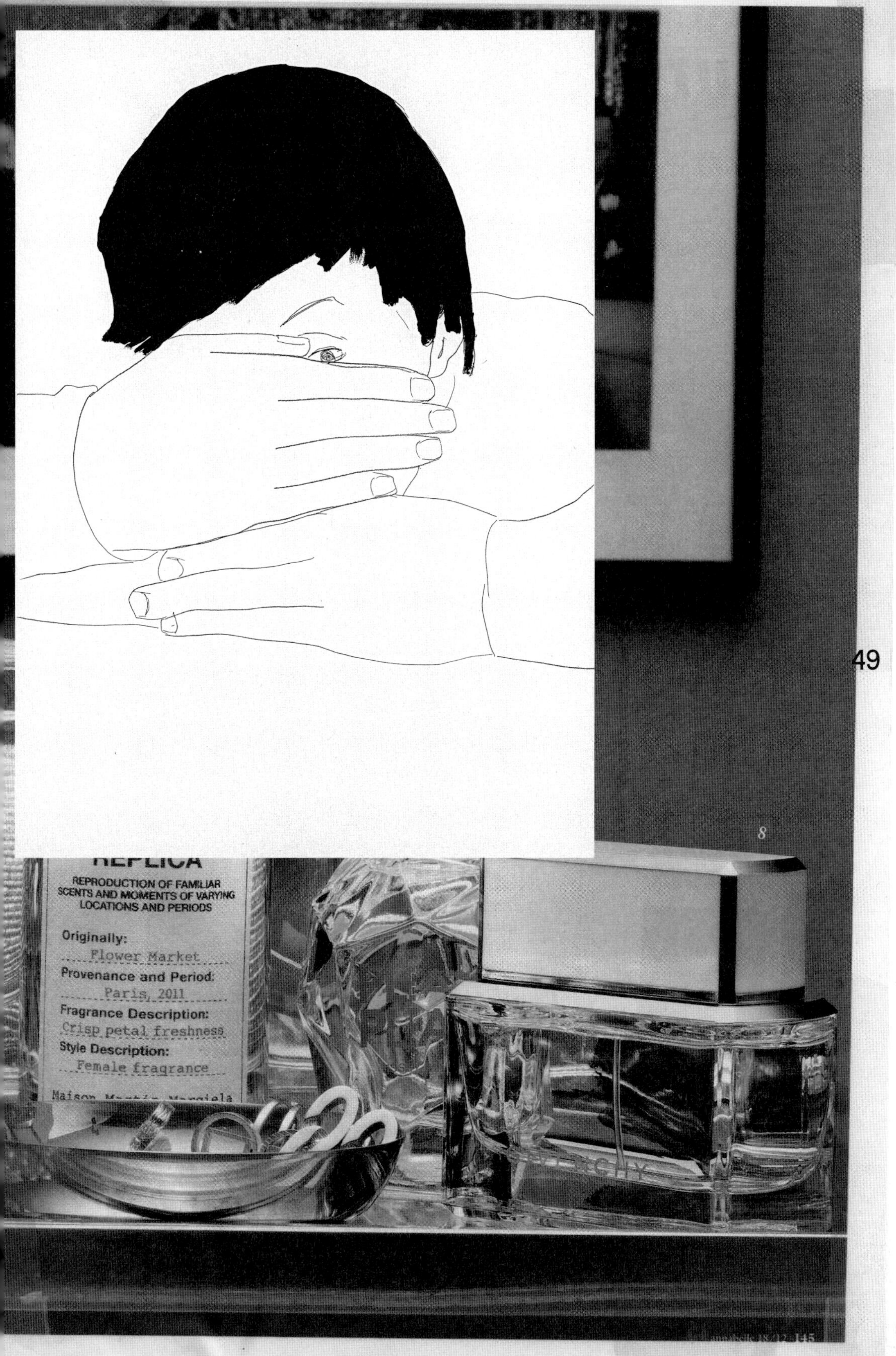
REPLICA
REPRODUCTION OF FAMILIAR SCENTS AND MOMENTS OF VARYING LOCATIONS AND PERIODS
Originally:
Flower Market
Provenance and Period:
Paris, 2011
Fragrance Description:
Crisp petal freshness
Style Description:
Female fragrance

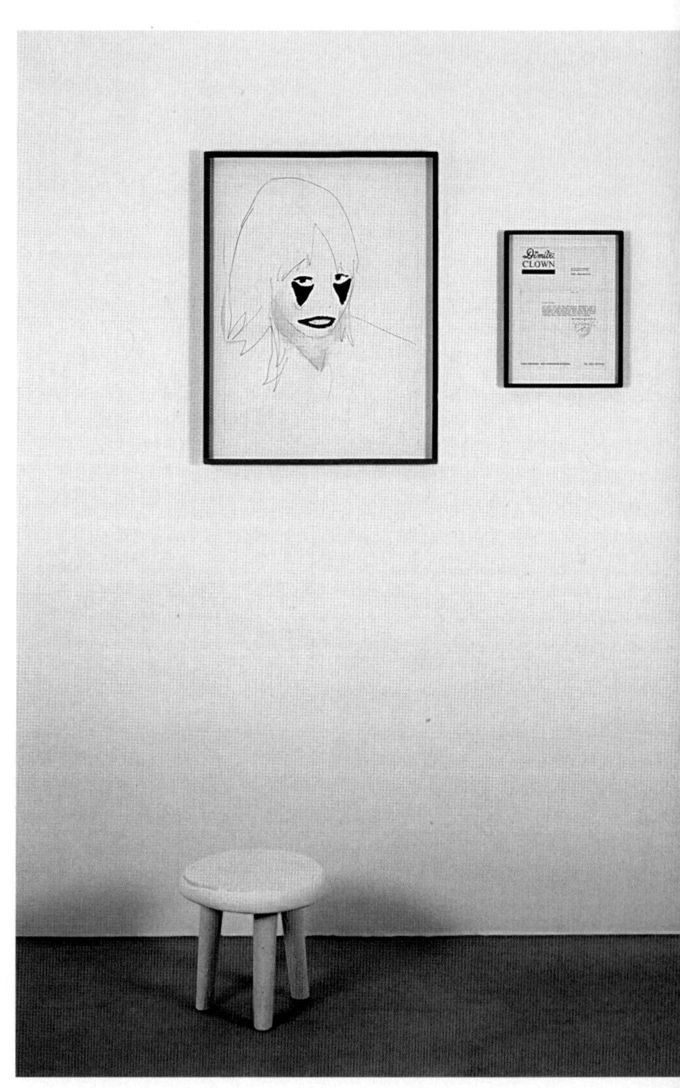

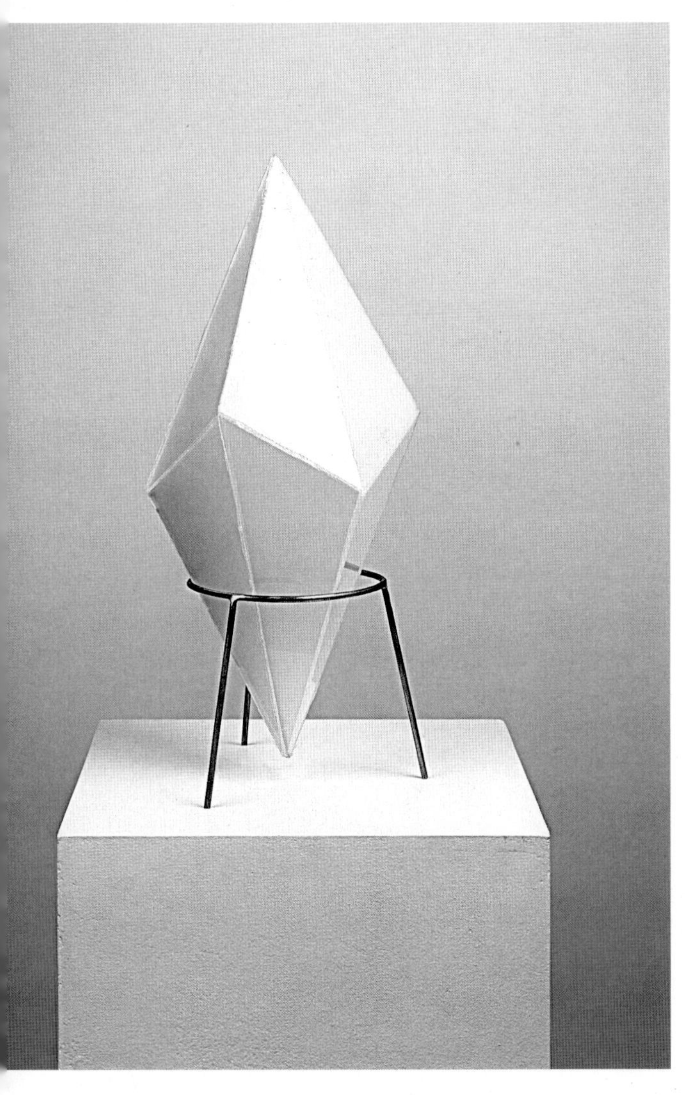

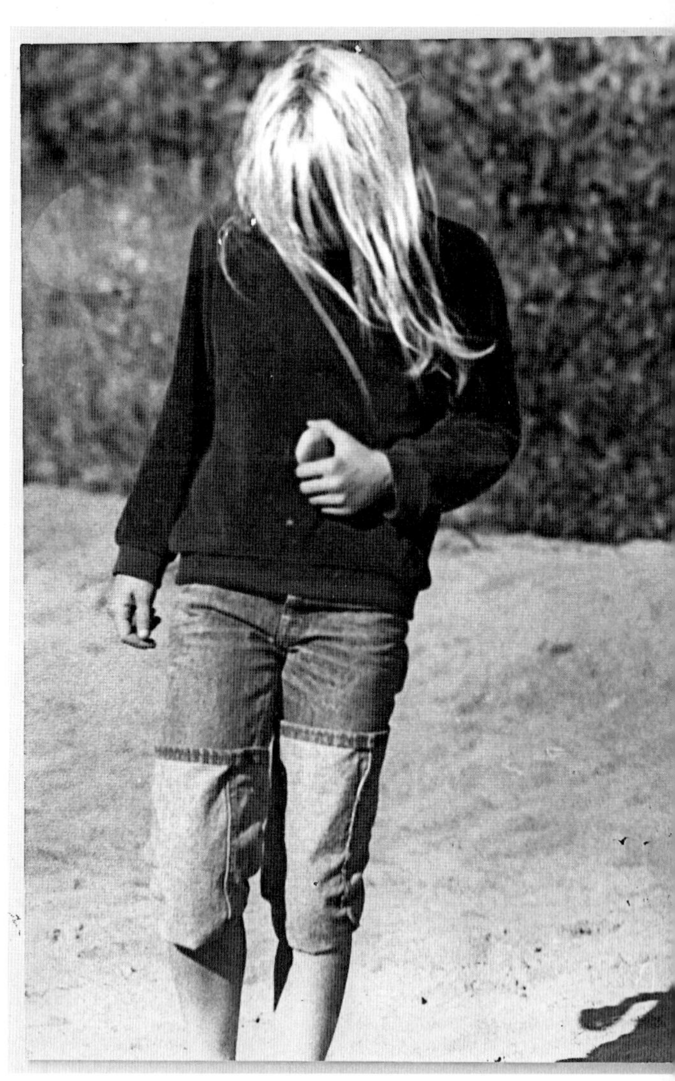

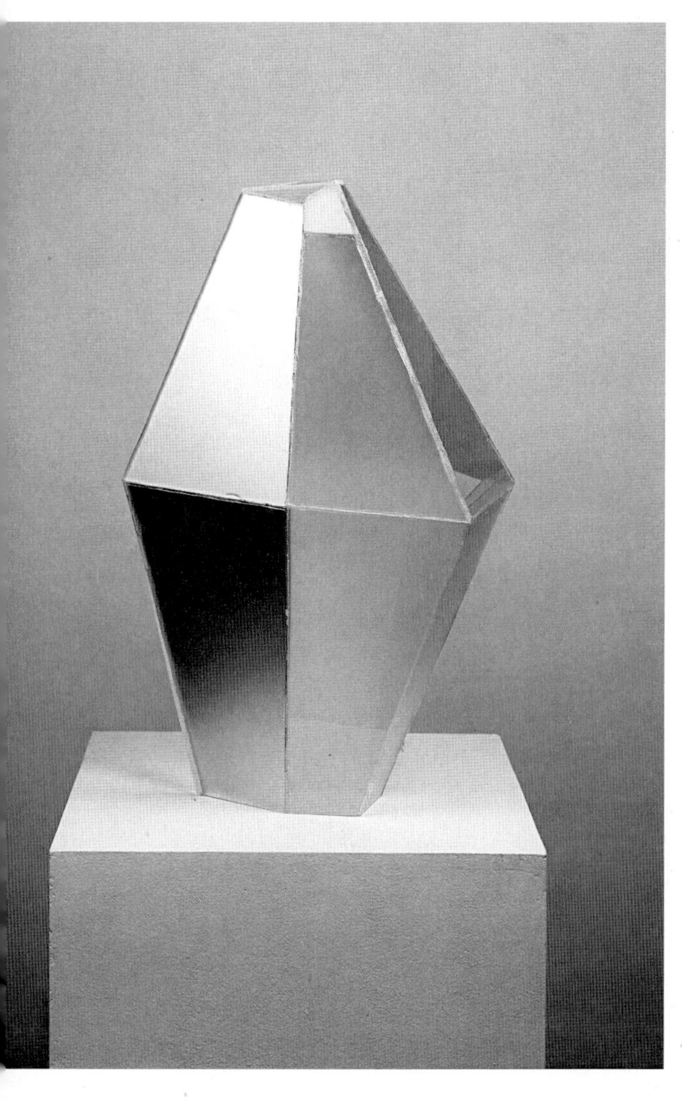

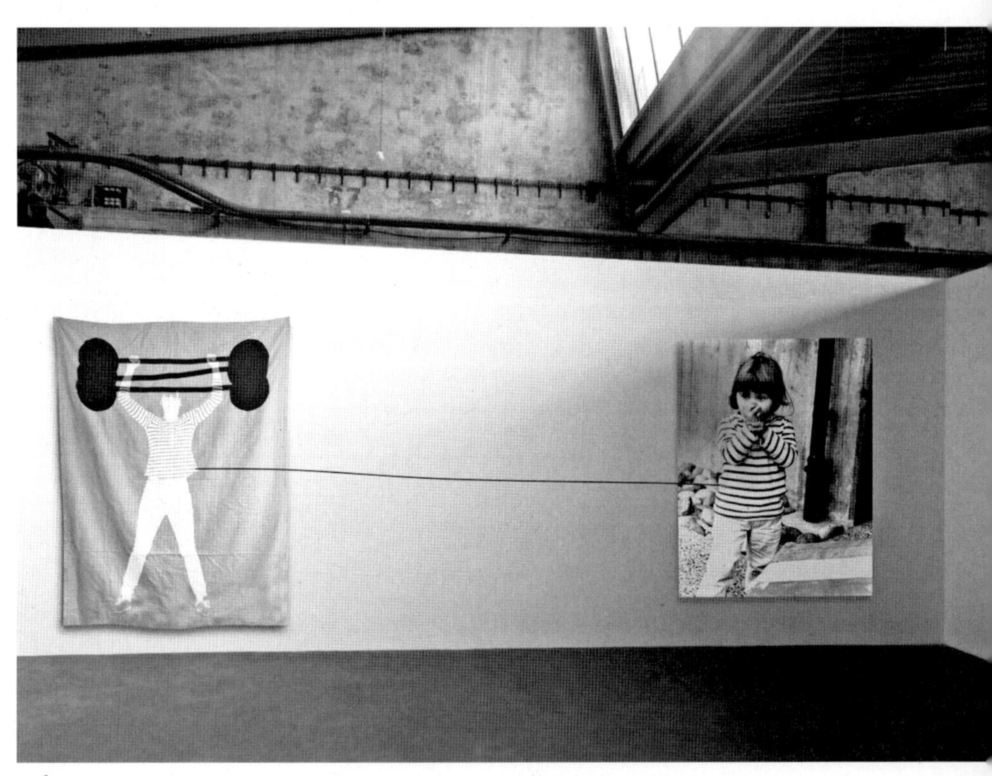

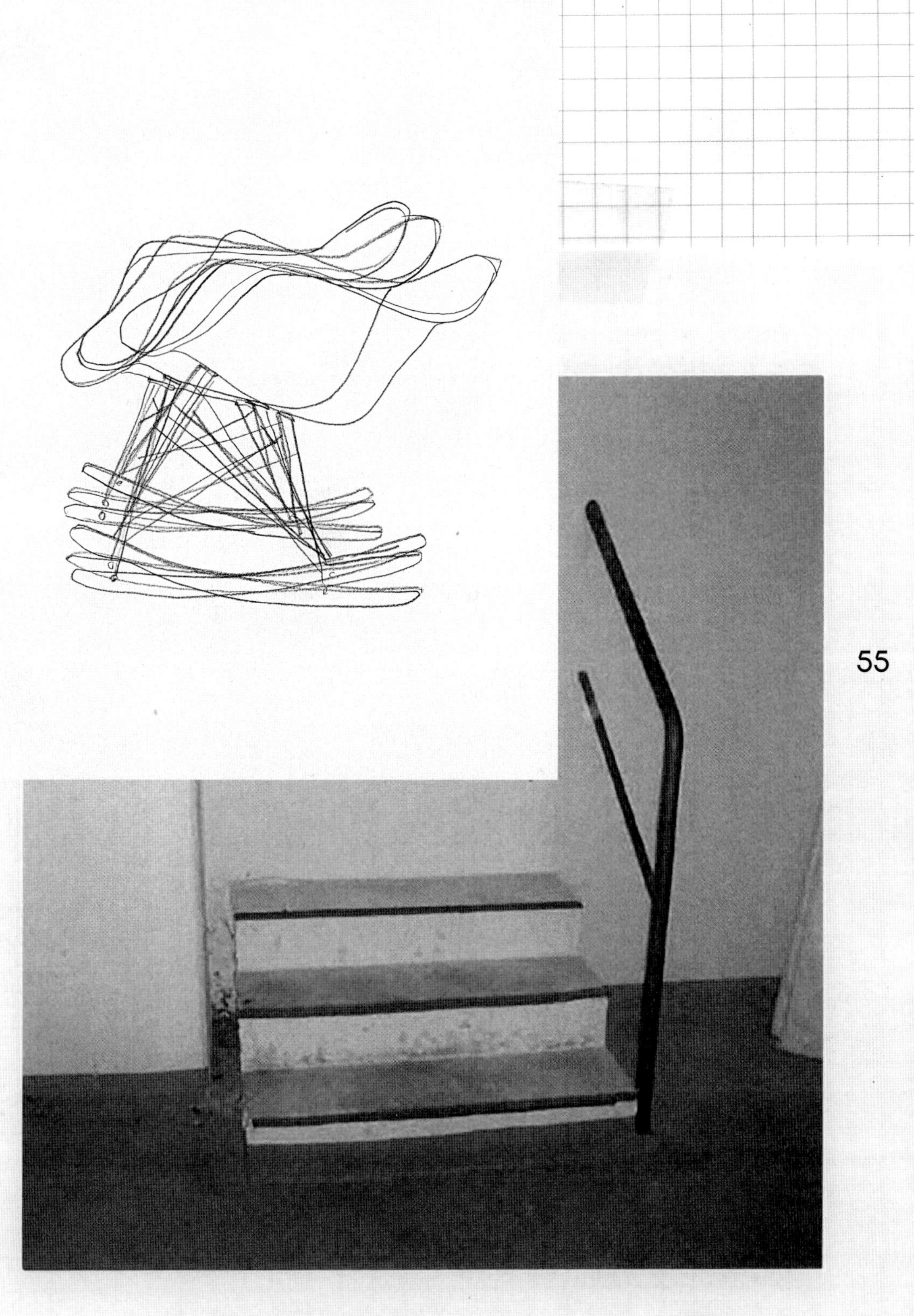

56

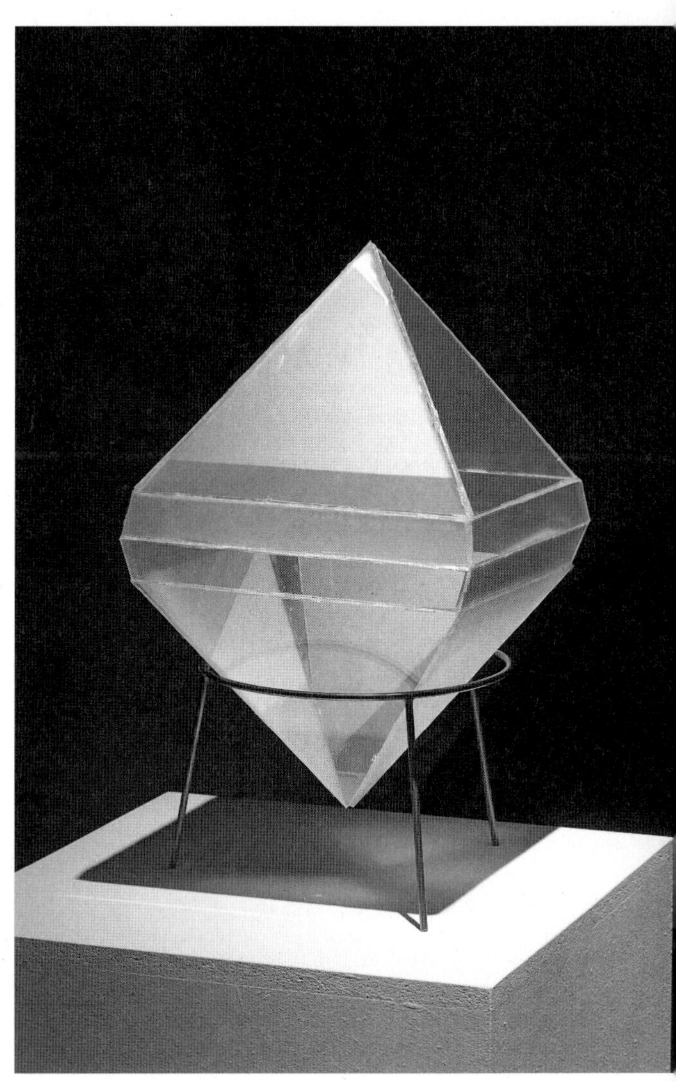

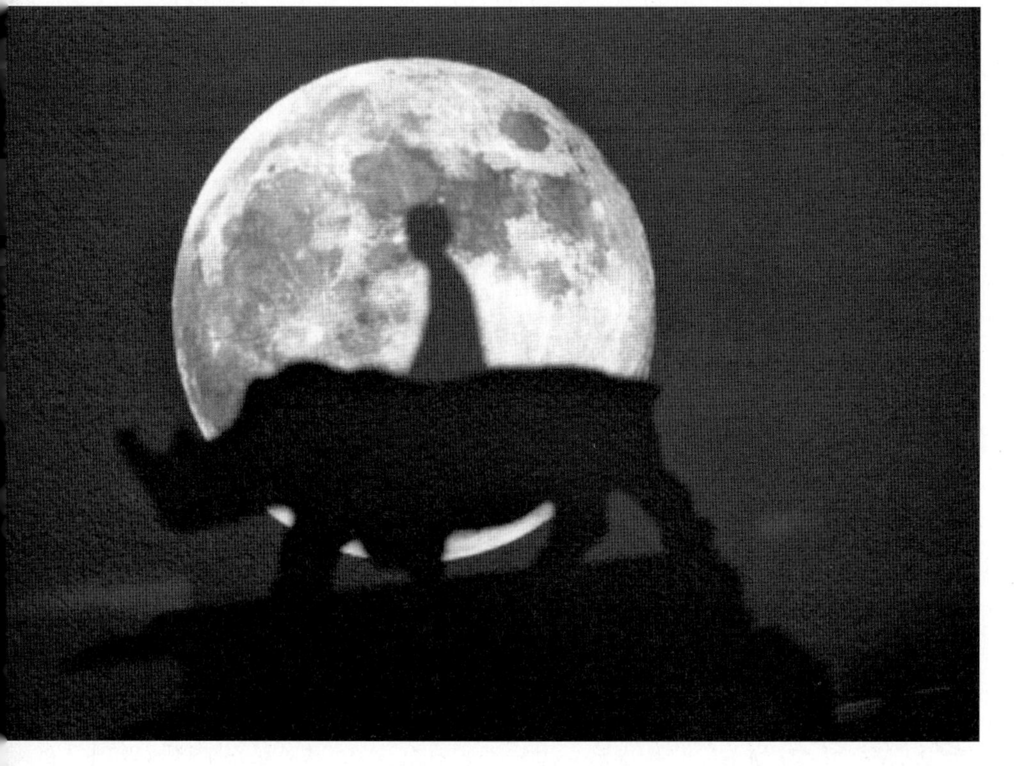

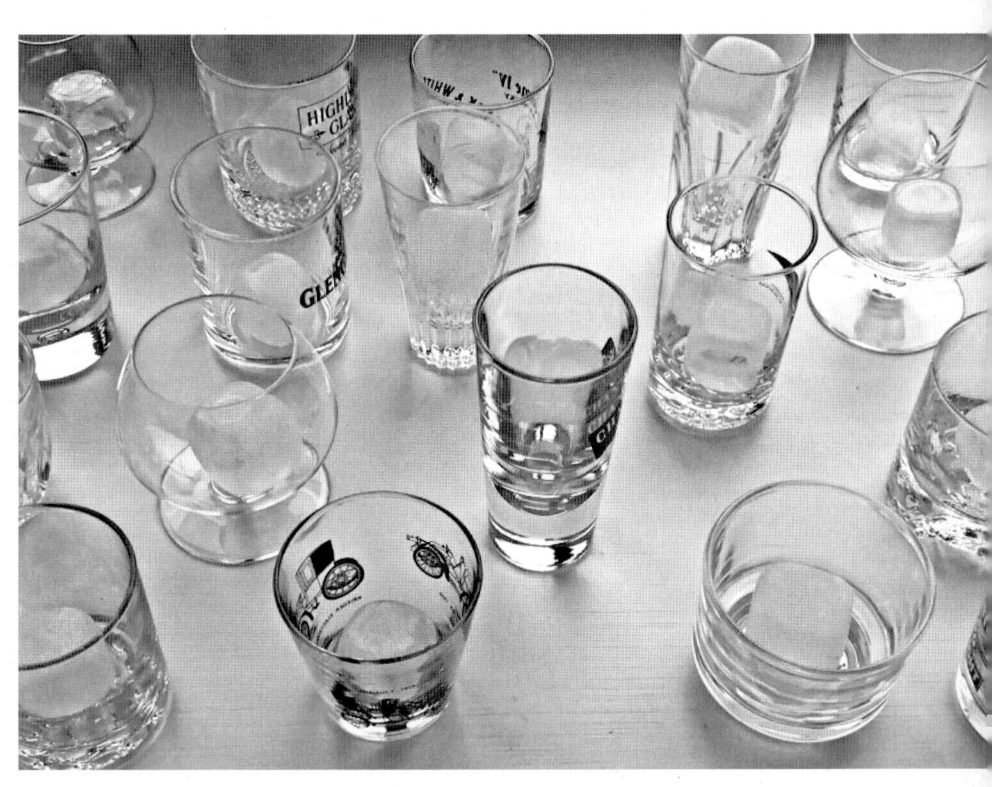

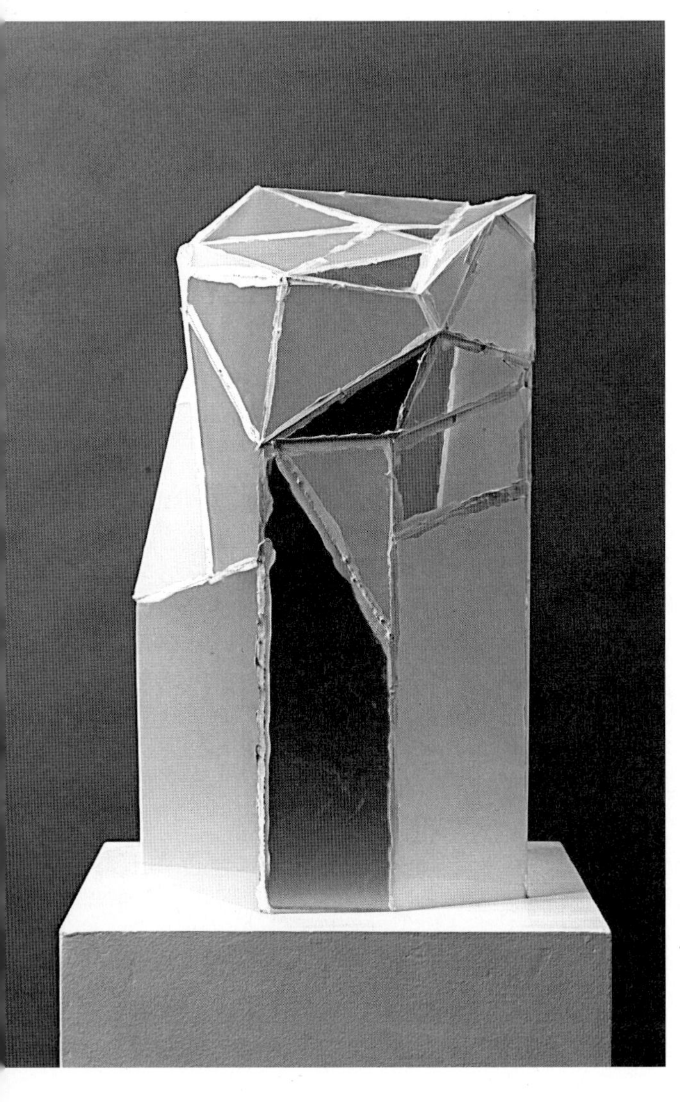

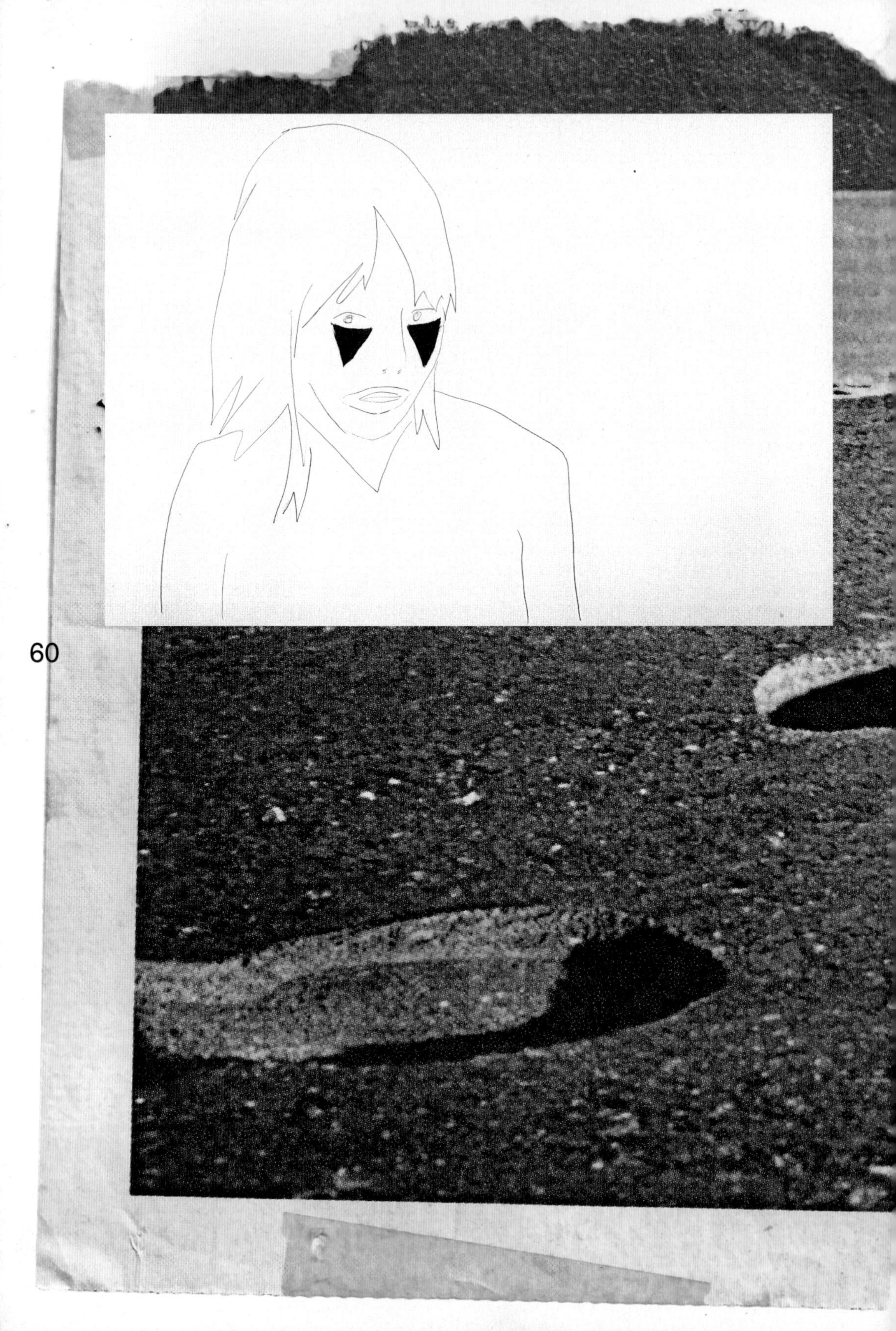

60

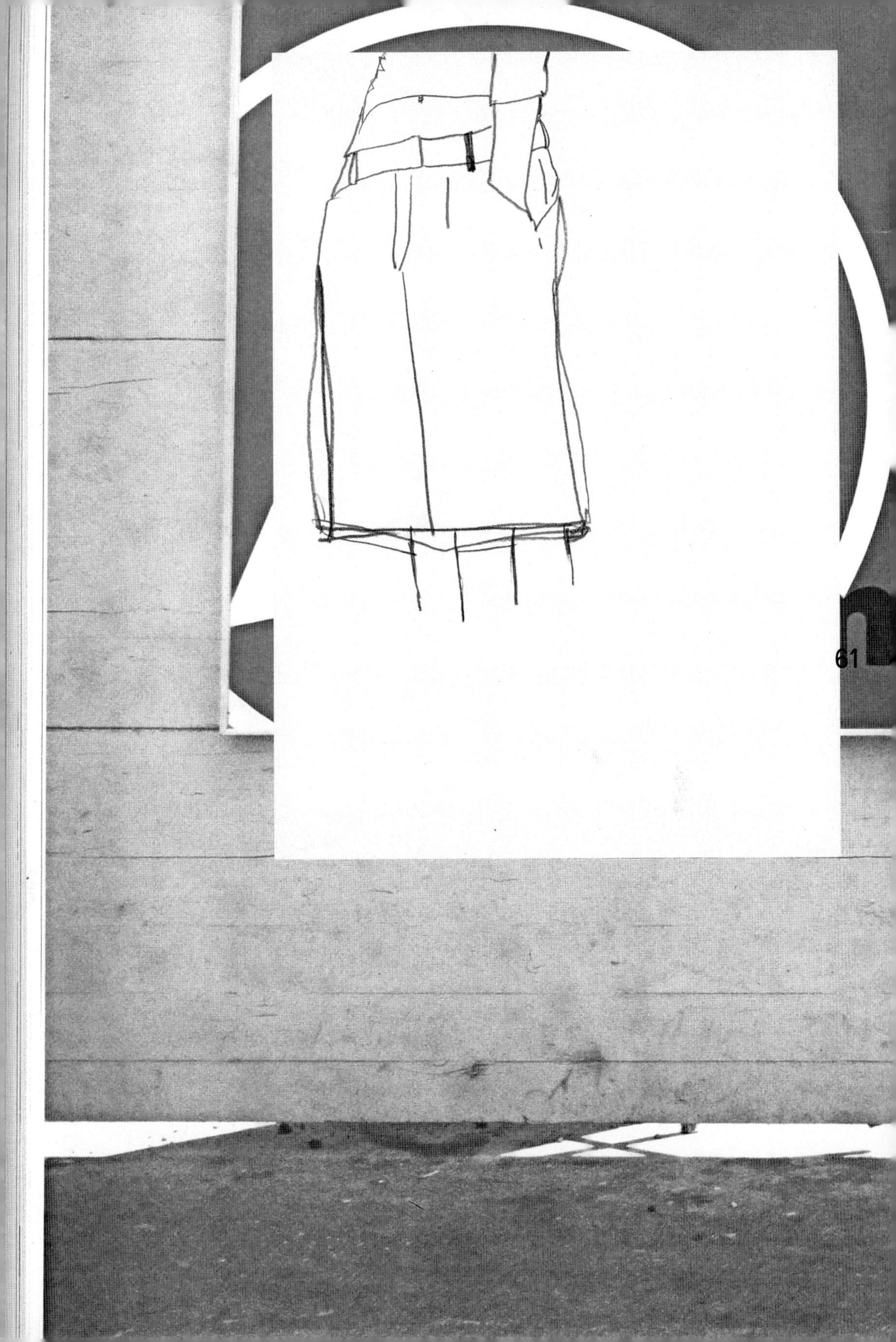

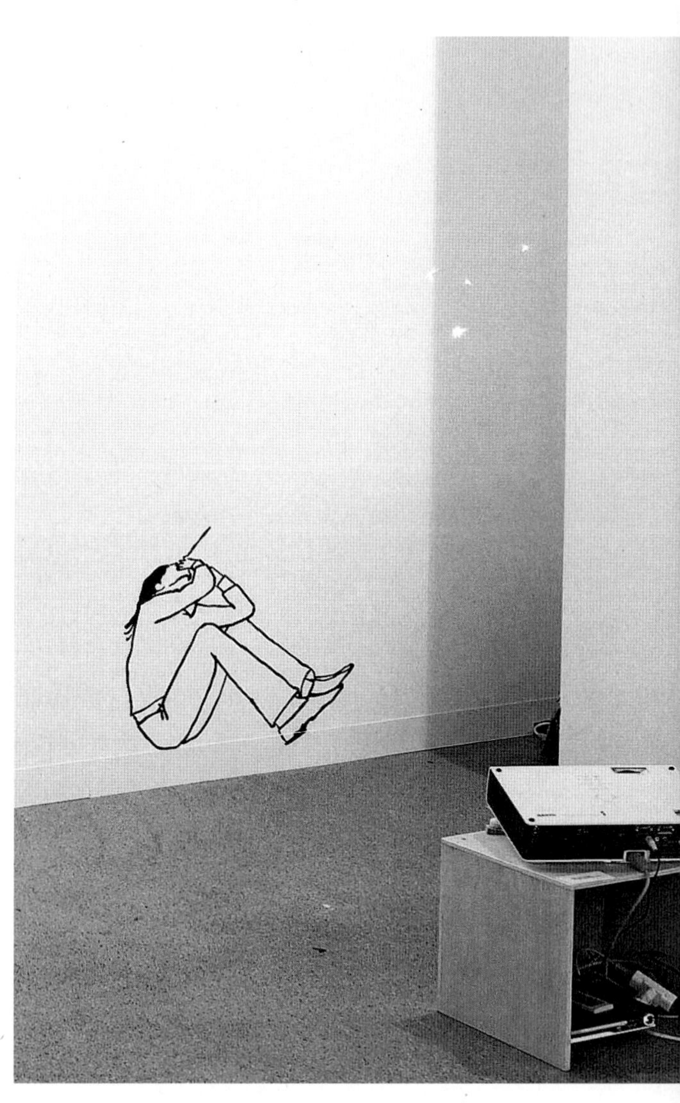

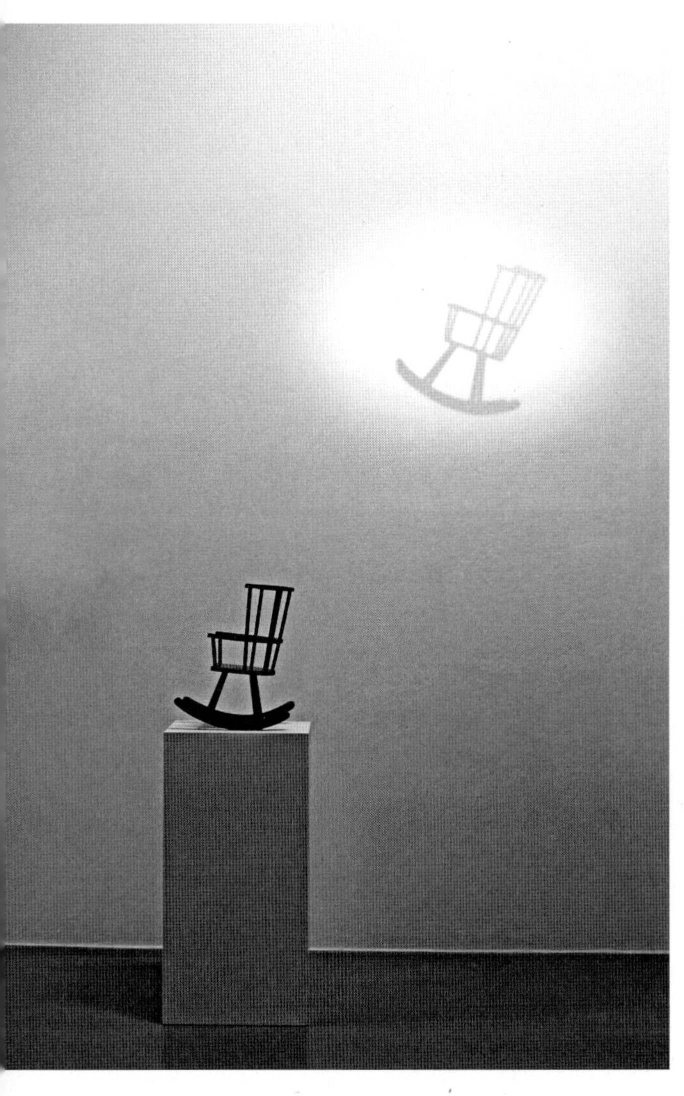

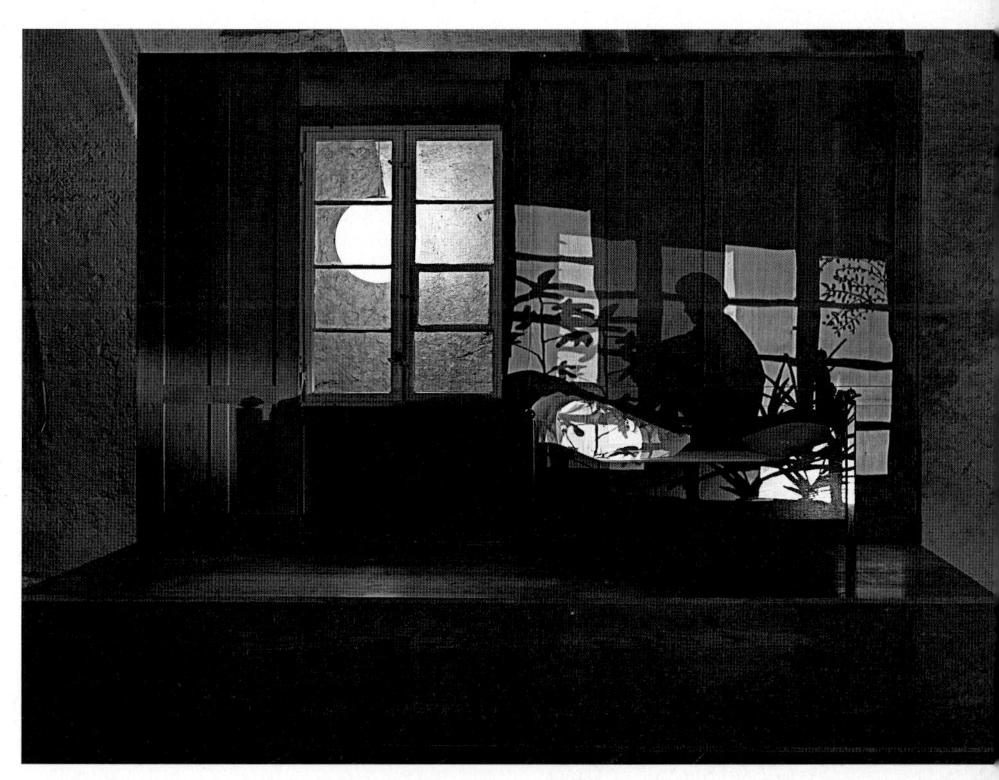

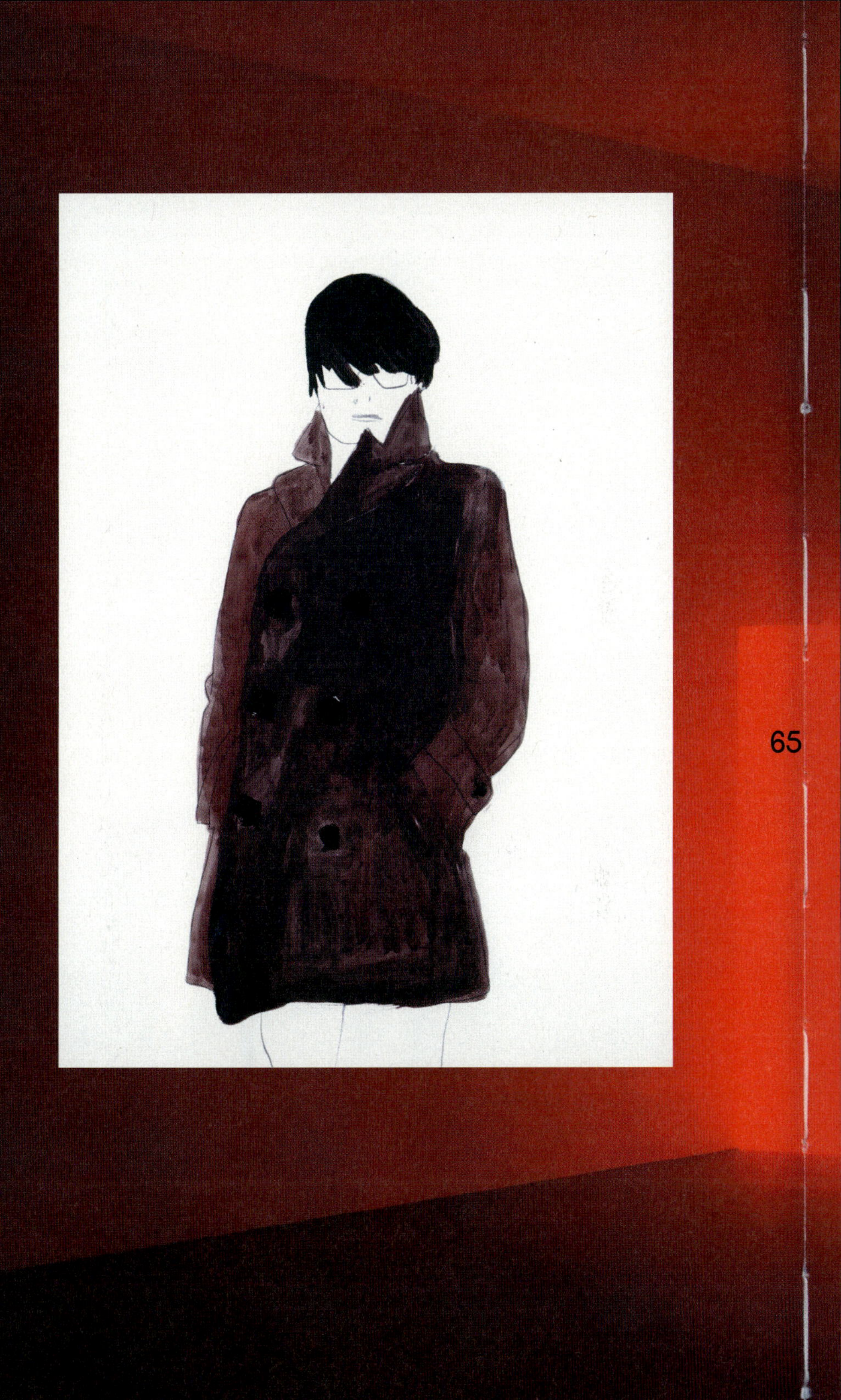

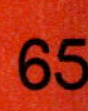

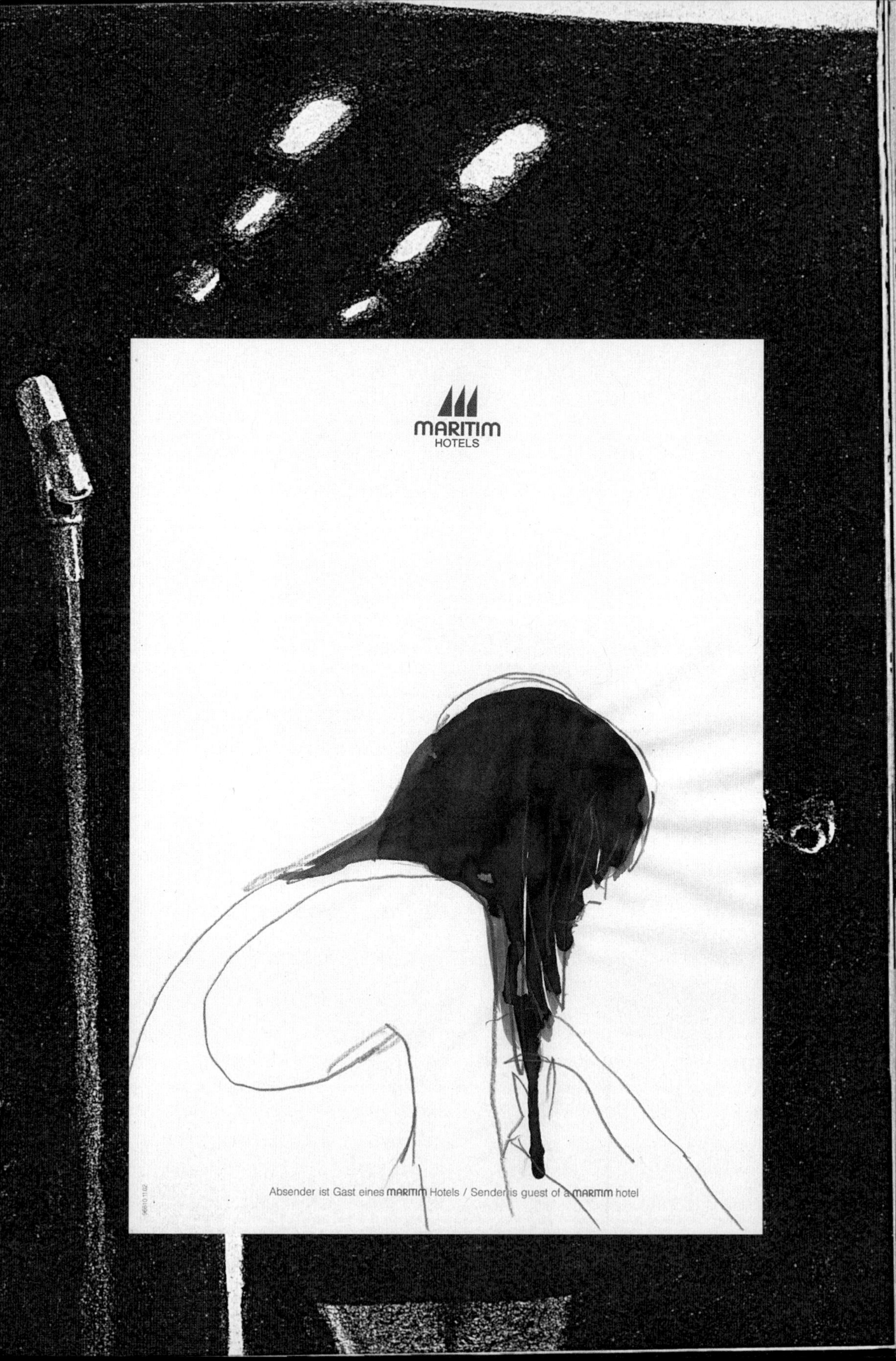

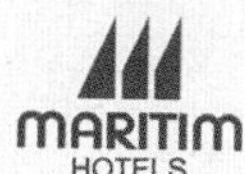

MARITIM
HOTELS

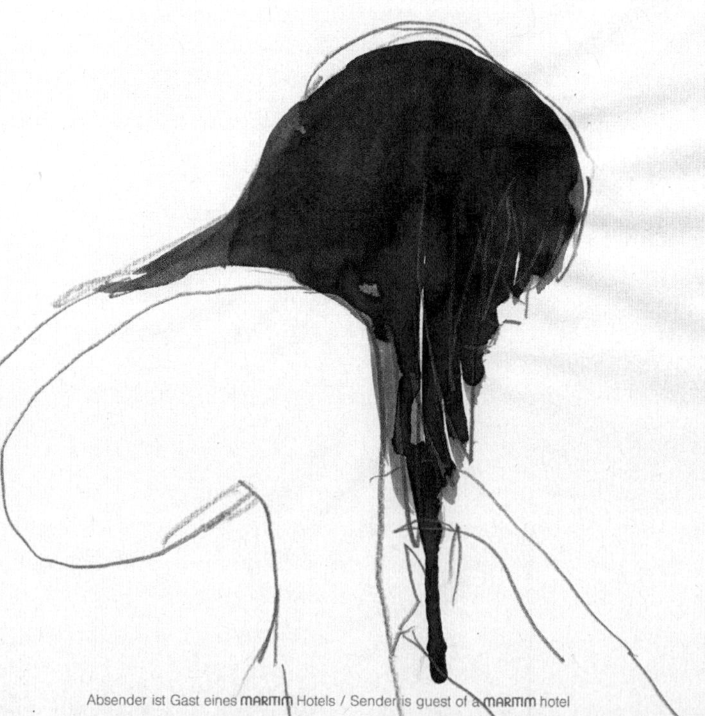

Absender ist Gast eines MARITIM Hotels / Sender is guest of a MARITIM hotel

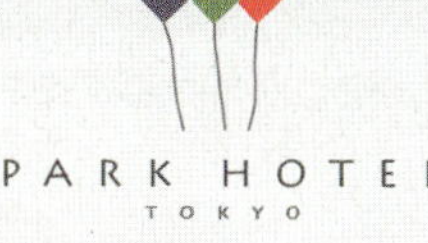

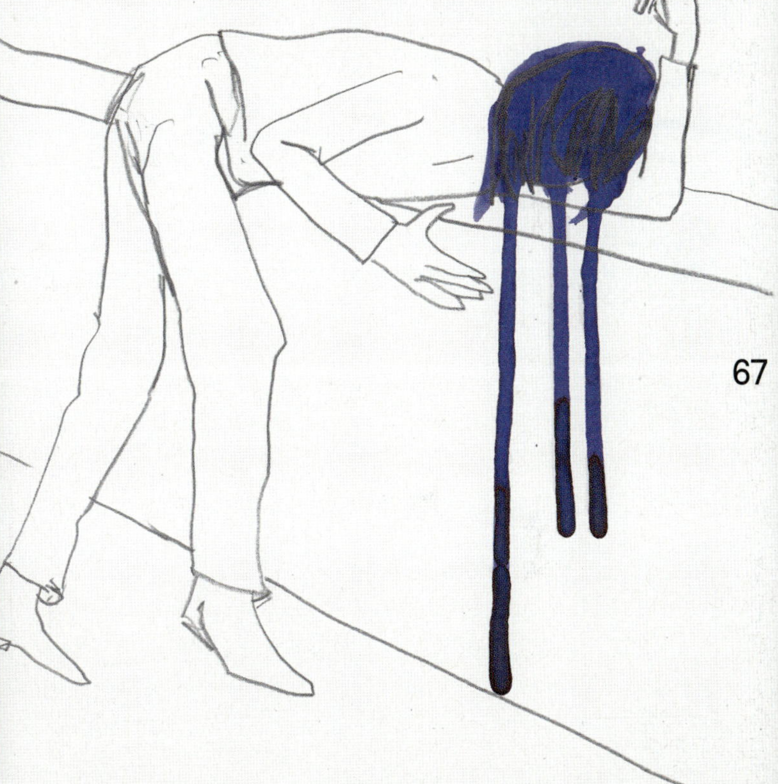

67

1-7-1, Higashi-Shimbashi, Minato-ku,   Tel. : 03 (6252) 1111   http://www.parkhoteltokyo.com
Tokyo 105-7227, Japan   Fax : 03 (6252) 1001   info@parkhoteltokyo.com

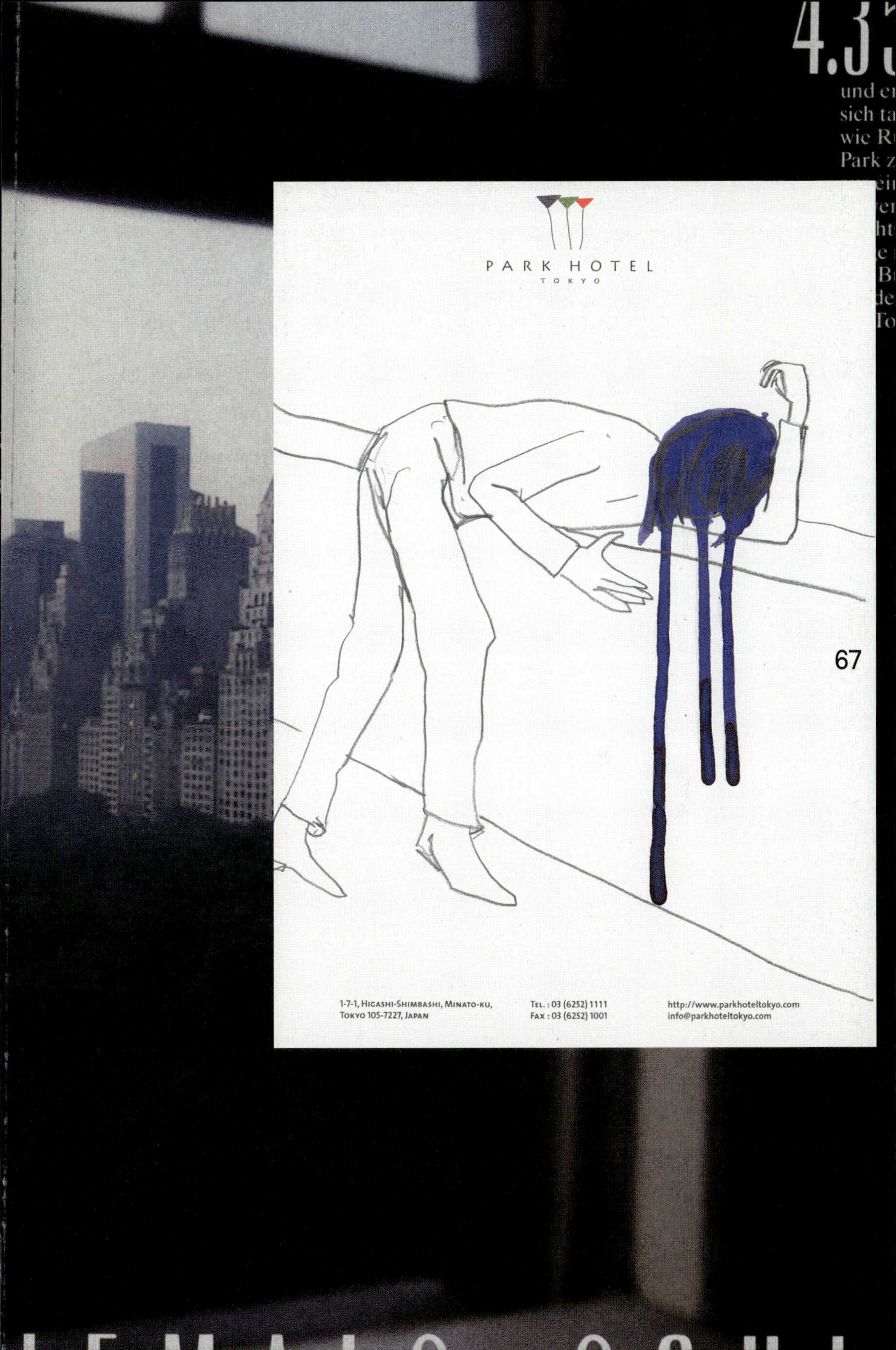

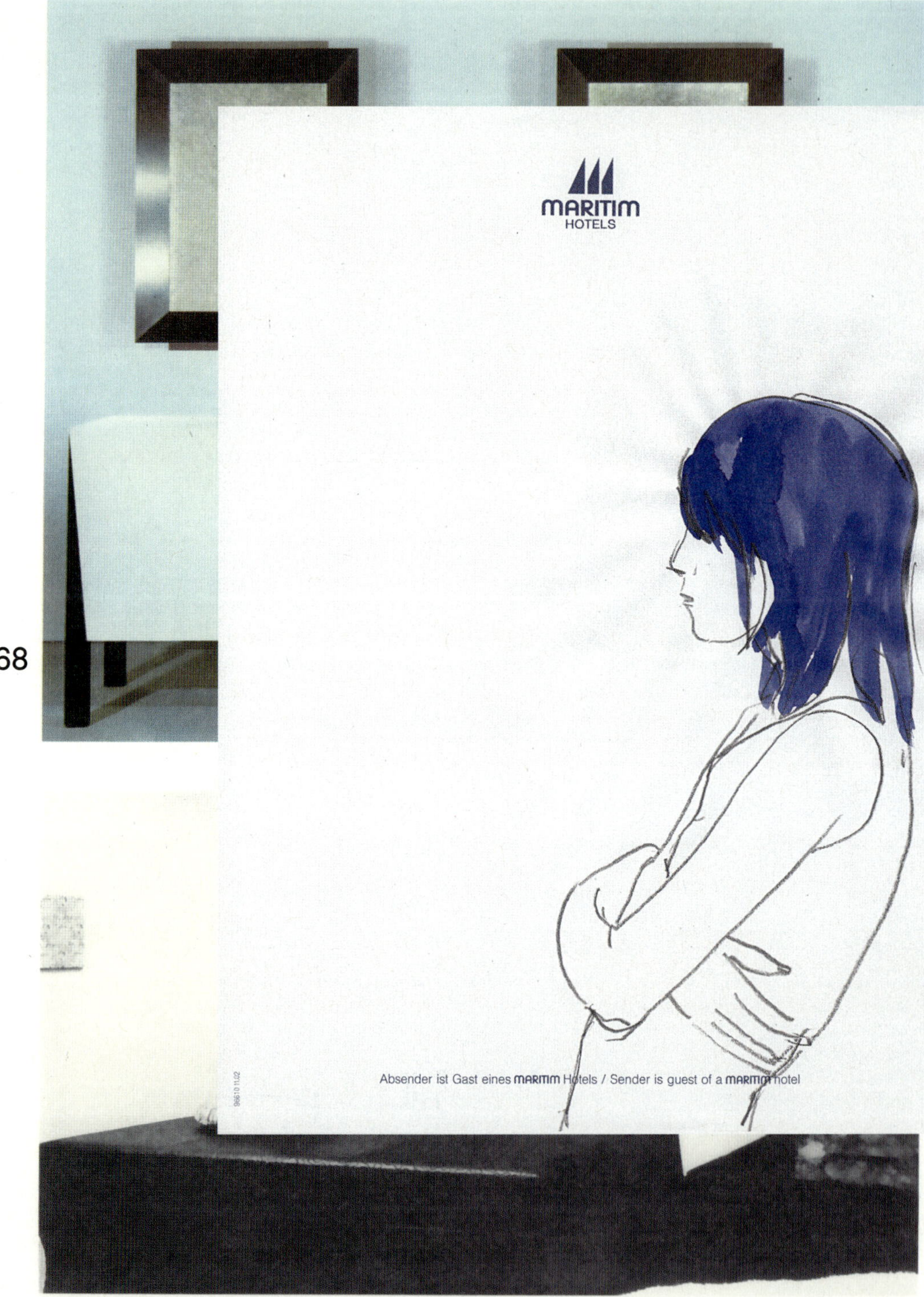
MARITIM
HOTELS
Absender ist Gast eines MARITIM Hotels / Sender is guest of a MARITIM hotel

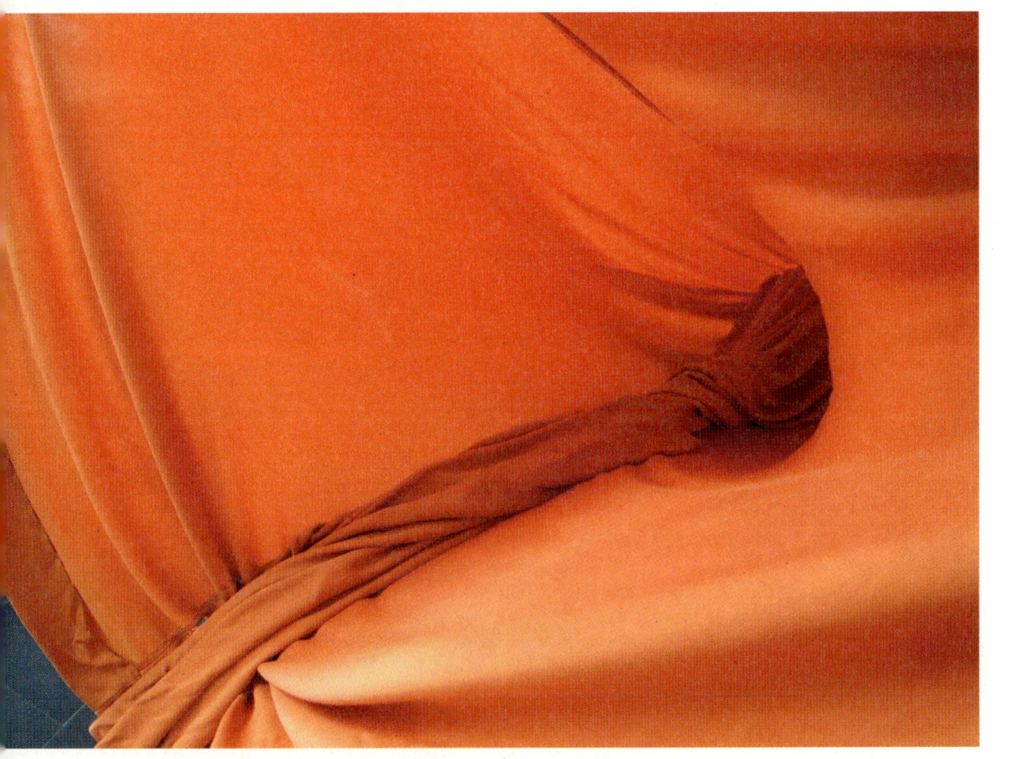

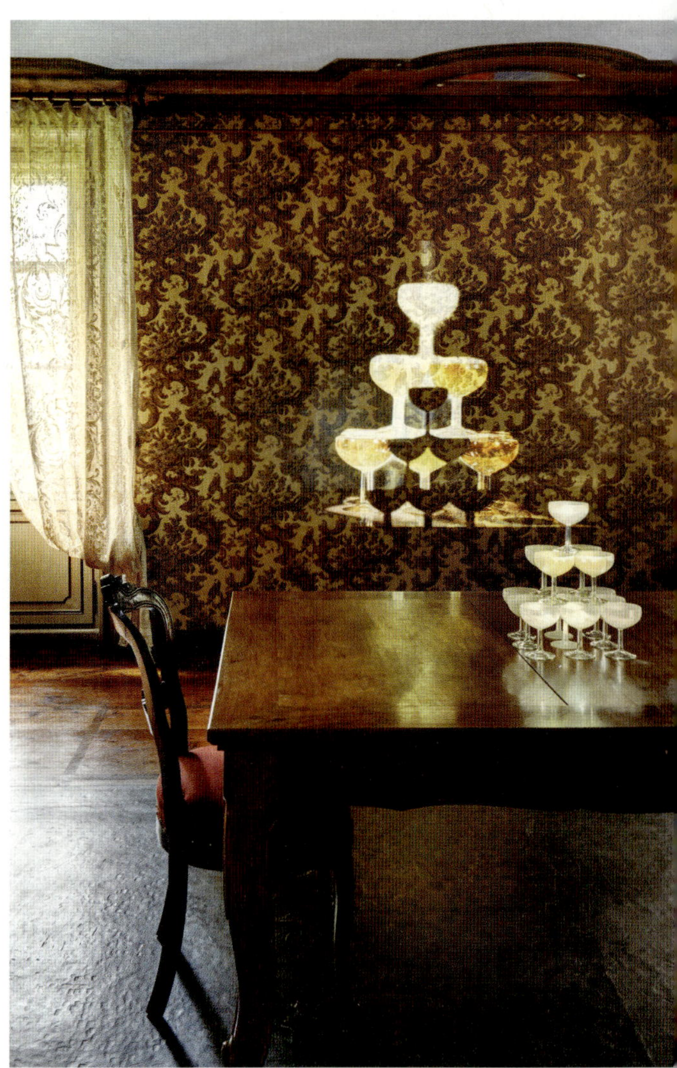

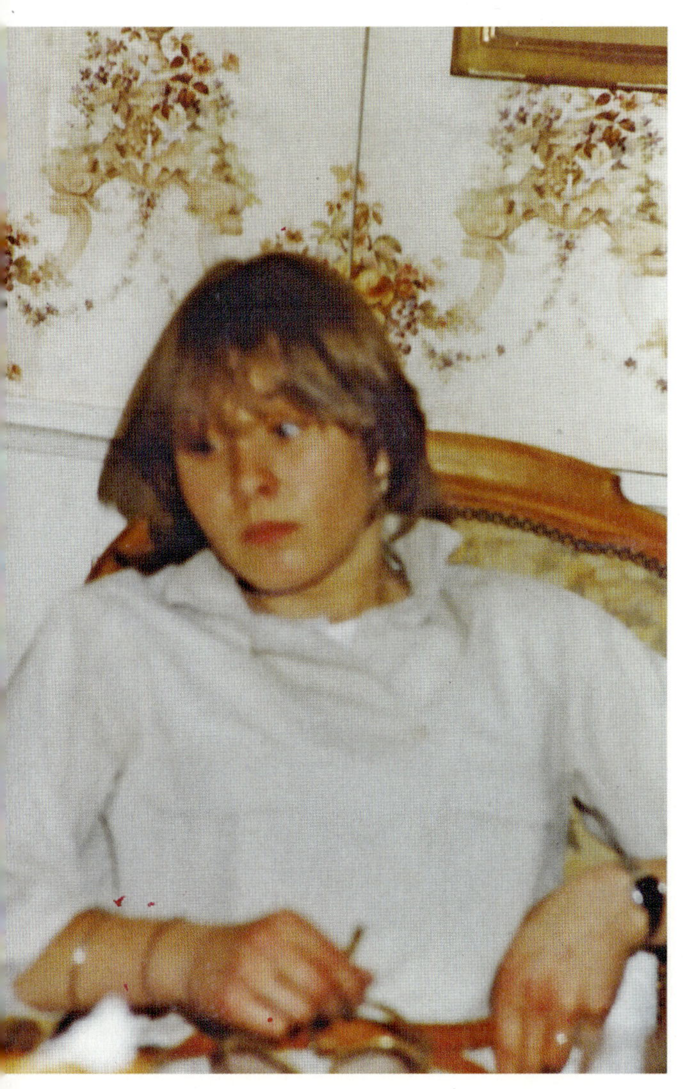

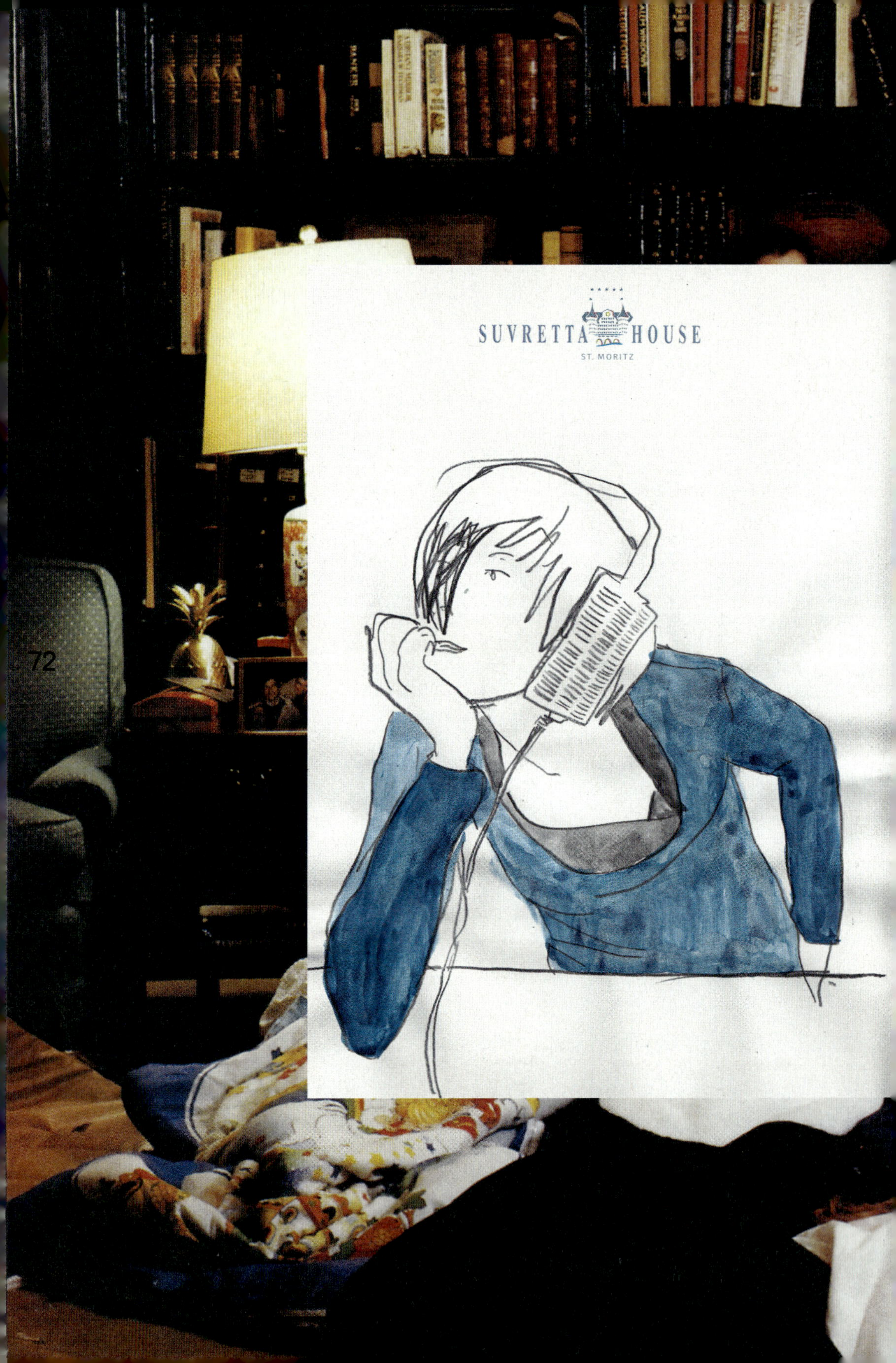

72

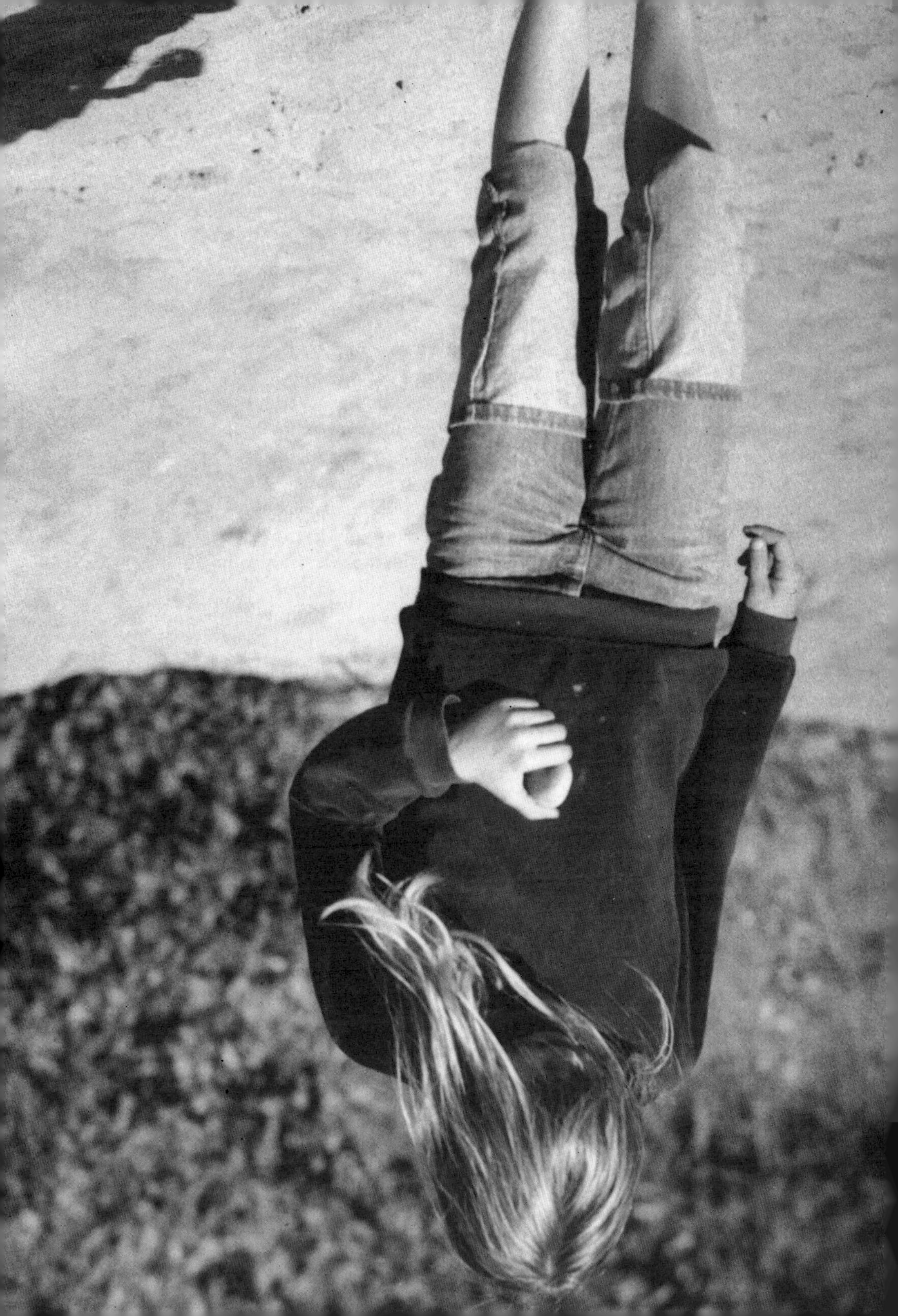

Zilla's Old Clothes

Fritz

Zilla's biography fits into a closet. She did not want to relate it and press it into a book (or even in short form onto a single sheet of paper). She didn't want to dramatize it, to put it on celluloid as a film or on a disk. Until recently it was still stored in a large bag with all the things that were not destined for the Red Cross. Zilla collected it for herself and kept it: her life in a bag, a pile of discarded clothes, her treasure. When she was alone, she fetched the bag out, and her memories; the many Zillas of the past kept her company.

She was actually supposed to hang the clothes in a closet specially assigned for that purpose. They would have been lined up tidily on the rail that stretched across the entire breadth of the closet: Zilla's little *musée sentimental*. Above it, on the shelf, the box with the old photos. If she wanted to look at one of the garments then she would push some of the clothes far to the left, and the others (together with the empty hangers) to the right. Hanging in the middle the piece of fabric could unfold its strange effect and would cast a shadow on the rear section of the closet, in its depths. Now if Zilla stood in the right position between the lamp and the closet it would appear from her silhouette as though she were still wearing the dress — like back then.

Zillas alte Kleider

Emslander

Zillas Biografie passt in einen Schrank. Sie wollte sie nicht erzählen und in ein Buch pressen (oder gar in Kurzform auf ein einziges Blatt). Sie wollte sie nicht dramatisieren, sie nicht als Film auf Zelluloid oder eine Disc bannen. Bis vor Kurzem war sie noch in einer grossen Tüte verstaut, mit all den Dingen, die nicht in die Altkleidersammlung durften. Zilla hat sie für sich gesammelt und bewahrt: ihr Leben in der Tüte, ein Haufen abgelegter Kleider, ihr Schatz. Wenn sie allein war, holte sie die Tüte hervor, und ihre Erinnerungen, die vielen Zillas der Vergangenheit, leisteten ihr Gesellschaft.

Eigentlich sollte sie die Kleider in einen nur dafür reservierten Schrank hängen. Auf der Kleiderstange, die von links nach rechts seine ganze Breite durchmisst, wären sie feinsäuberlich aufgereiht: Zillas kleines *Musée sentimental*. Darüber, auf der Ablage, die Kiste mit den alten Fotos. Wollte sie sich eines der Kleidungsstücke ansehen, so würde sie den einen Teil der Kleider ganz nach links, den anderen (zusammen mit den noch leeren Bügeln) nach rechts schieben. In der Mitte hängend, könnte das Stück Stoff seine merkwürdige Wirkung entfalten und würde auf die Rückwand in der Tiefe des Schranks einen Schatten werfen. Wenn Zilla sich nun an die richtige Stelle zwischen Lampe und Schrank stellte, sähe es im Schattenbild so aus, als würde sie noch in dem Kleid stecken — wie damals.

Biography in clothes

"Zilla" is not to be equated with Zilla Leutenegger—neither in the artist's works nor in the well-imagined story above. But "Zilla" does act on behalf of the artist, just as she might represent all of us: "The figure," explains the artist, "is intended to be an example for people per se, a figure in which you can see yourself."[1] Her actions and attitudes are so openly revealed to us by the artist that we could put ourselves in her situation, in her apartment and her clothes, indeed in her memories. Each of us can recognize him or herself in her somewhere: "Many are Zilla."[2] At least in parts the biography that fits into a closet could be our own. That was the starting point for the exhibition *13 Räume* (13 Rooms). Naturally, one was supposed to and then wanted to bring her out of the closet. Or alternatively install a series of closets in which this *biography in clothes* could spread itself out, item for item.
Zilla Leutenegger's works begin with garments and continue as drawing, video drawing, installation and multimedia collage. Yet the housing in which they unfold is the respective exhibition space. In the museum it replaces the presented display of the closet. While the closet at home as an "intimate space"[3] can kindle a "mute tumult"[4] of highly personal memories, the exhibition opens this biography onto the reservoirs of collective memory and is presented to the observer. The fact that the visitor, in order to join Zilla in remembering, ascends to the attic floor of the museum is a happy coincidence: Like the closet, we are familiar with the attic as a place for storing discarded memories manifested as objects. It seems only logical to track them down here of all places.

The writing on the wall

A mysterious prolog pushes its way in front of the scenes from Zilla's life, installed in the exhibition in 12 rooms. As if written by magic, four cryptic columns of numbers appear on the wall:
"12:05, 08, 14, 19, 30, 33, 38, 45, 55
01:02, 06, 13, 23, 34, 38, 49, 53
02:03, 09, 14, 19, 23, 25, 29, 35, 40, 47, 52, 59
03:02, 07, 13, 16, 22, 32, 37, 42, 57"

Biografie in Kleidern

«Zilla» ist nicht gleichzusetzen mit Zilla Leutenegger – in den Werken der Künstlerin ebenso wenig wie in der oben stehenden, frei kolportierten Geschichte. Aber «Zilla» handelt doch stellvertretend für die Künstlerin, wie sie auch für uns alle stehen kann: «Die Figur», so die Künstlerin, «soll ein Exempel für den Menschen an sich sein, eine Figur, in der man sich spiegeln kann.»[1] Sie ist von der Künstlerin in ihren Haltungen und Handlungen so offen angelegt, dass wir uns als Betrachter in sie, in ihre Wohnung und ihre Kleider, ja in ihre Erinnerungen hineinversetzen können. Jeder von uns kann sich irgendwo in ihr wiedererkennen: «Zilla sind Viele.»[2] Die Biografie, die in einen Schrank passt, könnte also zumindest in Teilen auch die unsere sein. Das war der Ausgangspunkt der Ausstellung *13 Räume*. Natürlich müsste und wollte man sie dann aus dem Schrank herausholen. Oder aber eine Reihe von Schränken aufstellen, in denen sich diese *Biografie in Kleidern* Stück für Stück ausbreiten liesse. Zilla Leuteneggers Werke gehen von Kleidungsstücken aus und als Zeichnung, Videozeichnung, Installation und multimediale Collage über diese hinaus. Das Gehäuse aber, in dem sie sich entfalten, ist der jeweilige Ausstellungsraum. Er ersetzt in der musealen Präsentation das vorgestellte Display des Kleiderschranks. Während der Schrank zu Hause als «Intimitätsraum»[3] einen «stummen Tumult»[4] ganz persönlicher Erinnerungen zu entfachen vermag, öffnet die Ausstellung diese Biografie auf die Reservoirs kollektiver Erinnerung hin und wird dem Betrachter zur Verfügung gestellt. Dass der Besucher, um sich mit Zilla zu erinnern, in das Dachgeschoss des Museums hinaufsteigt, ist eine glückliche Fügung: Wie den Schrank kennen wir den Dachspeicher als Aufbewahrungsort abgelegter, in Objekten materialisierter Erinnerungen. Ihnen an diesem Ort nachzuspüren scheint naheliegend.

Menetekel

Vor die in zwölf Räumen platzierten Szenen aus Zillas Leben schiebt sich in der Ausstellung ein rätselhafter Prolog. Wie von Geisterhand an die Wand gekritzelt, erscheinen dort vier kryptische Zahlenkolonnen:

It was only recently that Zilla Leutenegger came across these rows of numbers on the inside cover of a book. She was told by her mother that they refer back to the time immediately before her birth: to a "moment of ecstasy in life"[5] and the attempt to record the overwhelming events rationally by measuring the intervals between the contractions. The artist transferred the somewhat shaky handwriting—given the imminent birth—onto the wall, and then to a wall drawing, which is removed from the dictate of beauty and indirectly conveys something of the archaic forces that accompany the process of giving birth.

In the literal translation of the Old-Testament words of prophecy, the drawing's title, *mene mene tekel*, reads as "counted, counted, weighed".[6] It vaguely evokes that story about the writing on the wall as a warning of imminent disaster (Book of Daniel 5, 1–25), but is to be interpreted as wholly self-referential and taken in a positive sense: as a sign of the upcoming birth of a baby, which—like all of us—definitely remembers nothing about its birth. What remains are what her mother tells her, what she weighed at the time, perhaps a photograph, her mother's maternity dress.

The temporal sequence as a countdown to the birth unravels the thread, which extends as a life thread through Zilla's biography, which is spun as a textile thread into Zilla's clothes and is unraveled by her again in the process of remembering and self-questioning, which runs through the exhibition like a red thread as the line of the drawing across sheets of paper, walls, projected and real rooms.

Zilla looks back

In the work group *Apartment* (2004–2007) Zilla Leutenegger presented her alter ego Zilla in her environment. We saw her performing everyday actions in the living room (*Living Room*, 2004), the office (*Office*, 2004), the corridor below the stairs (*Corridor*, 2004) and the kitchen (*Kitchen*, 2005), in the bedroom (*Bedroom*, 2005), in the bathroom (*Bathroom*, 2006) and in the library (*Library*, 2007).[7] In these works the private setting characterizes the figure, and conversely Zilla shapes the rooms she is in. The interior in which the figure appears as a video image becomes an indirect portrait: Here is Zilla "on her own, removed

«12:05, 08, 14, 19, 30, 33, 38, 45, 55
01:02, 06, 13, 23, 34, 38, 49, 53
02:03, 09, 14, 19, 23, 25, 29, 35, 40, 47, 52, 59
03:02, 07, 13, 16, 22, 32, 37, 42, 57»
Erst kürzlich hat Zilla Leutenegger diese Zahlenreihen als Notizen auf der Innenseite eines Buchdeckels gefunden. Von ihrer Mutter hat sie erfahren, dass diese auf die Zeit unmittelbar vor ihrer Geburt zurückweisen: auf einen «Moment der Ekstase im Leben»[5] und den Versuch, das überwältigende Geschehen über die Messung der Zeitabstände zwischen den Wehen rational zu fassen. Die Künstlerin hat die unter dem Eindruck der bevorstehenden Geburt etwas krakelige Schrift der Mutter auf die Wand gebracht, hat sie im Nachvollzug übertragen in eine Wandzeichnung, die dem Diktat der Schönheit enthoben ist und indirekt noch etwas mitteilt von den archaischen Kräften, die den Geburtsprozess begleiten.

In der wörtlichen Übersetzung der alttestamentarischen Prophezeiung liest sich der Titel der Zeichnung, *mene mene tekel*, als «gezählt, gezählt, gewogen»[6]. Er erinnert entfernt an jene Geschichte von der Schrift an der Wand als Vorzeichen drohenden Unheils (Buch Daniel, 5, 1–25), ist aber auch ganz selbstbezogen zu deuten und ins Positive zu wenden: als Zeichen der bevorstehenden Geburt eines Babys, das – wie wir alle – sicher nichts mehr von seiner Geburt erinnert. Was bleibt, sind die Erzählungen der Mutter, die gezählt hat, das Ergebnis des ersten Wiegens, vielleicht noch ein Foto, das Schwangerschaftskleid der Mutter.

Die zeitliche Reihung als Countdown zur Geburt entrollt den Faden, der sich als Lebensfaden durch die Biografie von Zilla erstreckt, der als textiler Faden in Zillas Kleider eingesponnen und von ihr im Prozess der Erinnerung und Selbstbefragung wieder entrollt wird, der sich als Linie der Zeichnung über Blätter, Wände, projizierte und reale Räume hinweg wie ein roter Faden durch die Ausstellung zieht.

Zilla blickt zurück

In der Werkgruppe *Apartment* (2004–2007) hat Zilla Leutenegger ihr Alter Ego Zilla in ihrer Umgebung vorgestellt. Wir haben sie in alltäg-

from the gazes of strangers, and only confronted with her own reflection. Apartments reveal what sort of person you are or would like to be through the furnishings and how you arrange the items in this special space."[8] Zilla, "the drawn and at the same time animated female figure, animated thanks to video technology, and observing herself", became an "emblem of Leutenegger's work"[9] and precisely through the animation appears present as a living opposite number of the observer, and in the same time as him.

Yet as with increasing age—if you accept research findings on the psychosocial importance of everyday things[10]—the need or desire grows to surround yourself in your home with mementos, in recent years Zilla Leutenegger has also started to bring out more of her old photographs and clothes. For a long time clothing has been—after the apartment—that second "shell of human existence"[11] which particularly interests the artist. Early video works such as *Kleiderzirkus* (Clothing circus, 1996, indecisive in front of the closet) and *Modeschau* (Fashion show, 1999, slipping into various roles) address the aspects of fun and being spoilt for choice involved in choosing a fashion for clothing/disguising yourself.[12] By contrast, in more recent works it is individual garments, captured as objects or in photographs, which stand for specific experiences or past phases of life. Zilla looks back; she lets her life pass by in clothes.

Beginning with the earliest photograph in the exhibition, the image of a three-year-old girl in a sailor shirt, a black line runs across a long section of wall as if the artist were using it to measure the time that has since elapsed—until the girl as an adult has finally become what she always wanted to be or was supposed to be: *Gross und stark* (Big and strong, 2013). The drawn line, which detaches itself from the striped pattern on the shirt, from the image from the past, and then like Ariadne's thread points the way back for the memory into the time of childhood, becomes the *time line*.

Souvenirs from (my) life

The sailor shirt in the closet and the photograph of the child as a "sailor" serve as aids to memory. They are "remnants" of an experience (or

lichen Handlungen im Wohnzimmer (*Living Room*, 2004), im Büro (*Office*, 2004), im Gang unter der Treppe (*Corridor*, 2004) und in der Küche (*Kitchen*, 2005), im Schlafzimmer (*Bedroom*, 2005), im Bad (*Bathroom*, 2006) und in der Bibliothek (*Library*, 2007) gesehen.[7] Der private Wohnraum charakterisiert in diesen Arbeiten die Figur, so wie umgekehrt Zilla die sie umgebenden Räume prägt. Das Interieur, in das die Figur per Videozeichnung eingeblendet erscheint, wird zum indirekten Porträt: Hier ist Zilla «bei sich, den Blicken Fremder entzogen und nur mit dem eigenen Spiegelbild konfrontiert. In der Wohnung zeigt sich, wer man ist oder wer man sein möchte, durch die Ausstattung und durch die Ordnung, die man den Dingen in diesem besonderen Raum gibt.»[8] Zilla, «die gezeichnete und zugleich bewegte, durch Videotechnik animierte und sich selbst betrachtende weibliche Figur», wurde zu einem «Emblem der Arbeit von Leutenegger»[9] und erscheint gerade durch die Animation als lebendiges Gegenüber des Betrachters, als gegenwärtig, in der gleichen Zeit mit ihm.

Wie aber mit fortschreitendem Alter – folgt man Forschungsergebnissen zur psychosozialen Bedeutung von Alltagsdingen[10] – die Lust oder das Bedürfnis wächst, sich in der Wohnung mit Erinnerungsstücken zu umgeben, so holt auch Zilla Leutenegger in den letzten Jahren vermehrt ihre alten Fotos und Kleider heraus. Seit Längerem schon ist die Kleidung neben der Wohnung jene zweite «Hülle menschlicher Existenz»[11], für die sich die Künstlerin besonders interessiert. Frühe Videoarbeiten wie *Kleiderzirkus* (1996, unentschlossen vor dem Kleiderschrank) und *Modeschau* (1999, in diverse Rollen schlüpfend) thematisierten die spielerische Lust und Qual der Wahl bei der modischen Modellierung des Selbst mittels (Ver-)Kleidung.[12] In den jüngeren Werken sind es hingegen einzelne Kleidungsstücke – als Objekte oder auf Fotografien festgehalten –, die für konkrete Erlebnisse oder vergangene Lebensphasen stehen. Zilla blickt zurück, sie lässt ein Leben in Kleidern Revue passieren. Ausgehend von der frühesten Fotografie in der Ausstellung, dem Bild eines dreijährigen Mädchens im Matrosenshirt, überspannt eine schwarze Linie einen langen Wandabschnitt, als wollte die Künstlerin damit die Zeit ermessen, die seither vergangen ist – bis das Mädchen als Erwachsene endlich ist, was sie als Kind immer sein wollte oder sollte: *Gross und*

a situation) and promise to set memory in motion again, to have the past situation reappear, even have it come to life again. As personal mementos they even fulfill the function of a souvenir.[13] They bridge the intervening space or rather time between the original creation of a memory and its current re-visualization or revival. "Both," photography and clothing, "are both object and memory of a subject", summarizes Christian Boltanski.[14] "What both have in common is the aspect of being simultaneously absent and present,"[15] which is why happiness and melancholy are so close together in the process of visualizing the absent.

Generations share this tendency to look back in nostalgia at the picture of the child in the sailor suit; in the photograph it becomes a cliché. Christian Boltanski also deliberately includes such a photograph in his book *10 Portraits photographiques de Christian Boltanski 1946–1964* (1972). However, what you see in the ten photographs, the artist himself reveals, are "various children playing Christian Boltanski at different ages. Contrary to the captions, all the images were shot on the same day."[16] The French artist talks of "stimulant images", which evoke associations, memories and feelings in the observer. By employing photographs as well as garments in his works, sometimes to reinforce, at others to invent memories,[17] Boltanski deflects the idea that a shirt can be clearly assigned to the body that was wearing it, or that a photograph contributes to the identity of the person which it purportedly depicts. In the same way that these bearers of memories can serve as a means of reconstruction for the subjective memory, they can as objects also become a projection surface for collective images, components of constructed identity: "I have invented so many false recollections that were collective memories that the figure of Christian Boltanski no longer had any comprehensible reality."[18]

In the same way that the sailor shirt serves as a film for projecting and constructing identities, the tutu of young dancers is also a (prospective) item of collective fantasies and a (retrospective) bearer of shared recollections. It embodies the longing for recognition and fame, the wish for a perfect, completely controllable body, as well as recollections of the tiresome adolescent troubles it caused. When Zilla dons her tutu she becomes *Zilla Nina Ballerina* (1997): The title

stark (2013). Die gezeichnete Linie, die sich aus dem Streifenmuster des Shirts, aus dem Bild der Vergangenheit löst und umgekehrt als Ariadnefaden den Weg der Erinnerung zurück in die Zeit der Kindheit weist, wird zur Zeitachse, zur *time line*.

Souvenirs aus (m)einem Leben

Das Matrosenshirt im Schrank und die Fotografie des Kindes als «Matrose» dienen als Mittel der Erinnerung. Sie sind «Reststücke» eines Erlebnisses (oder einer Begebenheit) und versprechen, die Erinnerung daran wieder in Gang zu setzen, die damalige Situation lebendig wieder aufscheinen zu lassen, sie gar wiederzubeleben. Als persönliche Andenken erfüllen sie insofern die Funktion eines Souvenirs:[13] Sie überbrücken den Zwischenraum beziehungsweise die Zeit zwischen der ursprünglichen Stiftung einer Erinnerung und ihrer aktuellen Wiedervergegenwärtigung. «Beide», Fotografie und Kleidung, «sind sowohl Objekt als auch Erinnerung an ein Subjekt», resümierte Christian Boltanski.[14] «Beiden gemeinsam ist der Aspekt der gleichzeitigen An- und Abwesenheit»[15], weshalb Glück und Melancholie im Prozess der Vergegenwärtigung des Abwesenden eng beieinanderliegen.
Die tendenziell nostalgische Rückerinnerung an das Bild vom Kind im Matrosenanzug teilen Generationen, in der Fotografie gerinnt es zum Klischee. Ganz offensiv integrierte auch Christian Boltanski ein solches Bild in sein Büchlein *10 Portraits photographiques de Christian Boltanski 1946–1964* (1972). Was man auf den zehn Fotografien sieht, der Künstler enthüllt es selbst, sind allerdings «verschiedene Kinder, die Christian Boltanski in verschiedenem Alter interpretieren. Entgegen der Bildlegende wurden alle Fotos am selben Tag geschossen.»[16] Der Franzose spricht von «Stimulans-Bildern», die im Betrachter Assoziationen, Erinnerungen und Gefühle wecken. Indem er Fotografien wie auch Kleidungsstücke in seinen Arbeiten mal zur Sicherung, mal zur Erfindung von Erinnerungen einsetzt,[17] desillusioniert Boltanski die Vorstellung, dass ein Shirt eindeutig dem einen Körper, der in ihm steckte, zuzuordnen sei, dass eine Fotografie Anteil habe an der Identität der einen Person, die sie vermeintlich zeigt. Wie diese Erinnerungsträger dem subjektiven Ge-

sounds like a magic spell for effecting a transformation, the realization of a dream cherished by many a young girl.

As a pendant to the tutu as a metaphor for rosy-cheeked typical childhood experiences, Zilla's closet also contains one of those evening gowns that not only demonstrate the social status of a woman and her "benefactor" in line with the motto "fine feathers make fine birds,"[19] but also transform a woman's body into a walking sculpture. The red dress (*Akris*, 2013), whose petticoat flares out in a fleshy analogy to the female sex and reveals a kind of pistil, develops the eroticizing attraction of an exotic flower—the souvenir of an eccentric ball night as one might spend at the Vienna Opera Ball.

"I design the set,
but I don't write the script."

What happened at the ball? *13 Räume* (13 Rooms) is neither a novel nor a film, though the name might suggest so. Zilla Leutenegger does not take the position of (omniscient) author or that of director. Because her works have no plot/action, you read them like images and not like films—she is not interested in either films or cinema.[20] Leutenegger has repeatedly emphasized that it is not about relating stories or unfolding a drama. Her works are "actually studies in motion [...], are about living in rooms, demonstrating that someone is there who has an aura".[21] Leutenegger conveys this aura using animated images, yet unlike a simple drawing the animated or video drawing[22] creates "the impression of an actual person", a situation that is happening right at that moment and becomes "physical".[23] .

When Zilla Leutenegger depicts certain situations and creates an entrance for her figure in them, she is working more like a set designer: "I design the set, but I don't write the script."[24] Enter: Zilla as a young girl with hair blowing about, lost in thought on the Rhine (*Footloose*, 2013), Zilla as a surreal, hovering, introverted, humming sleepwalker (Alliz, 1998), Zilla dancing as *Nina Ballerina* (1997), Zilla on the first day of her first days (*In a way you made my day*, 2013), Zilla looking critically at her reflection, in a red pullover, with the help of which she playfully makes her breasts rise and fall in a manner akin to the hack-

dächtnis als Mittel der Rekonstruktion dienen mögen, so können sie als Objekte auch zur Projektionsfläche kollektiver Bilder werden, zu Bausteinen konstruierter Identität: «Ich habe so viele falsche Erinnerungen erfunden, die kollektive Erinnerungen waren, dass die Figur Christian Boltanski keine fassbare Wirklichkeit mehr hatte.»[18]

Ähnlich wie das Matrosenhemd zur Folie der Projektion und Konstruktion von Identitäten wird, ist das Tutu junger Tänzerinnen (prospektiv) Gegenstand kollektiver Fantasien wie (retrospektiv) Träger geteilter Erinnerungen. Es verkörpert die tiefe Sehnsucht nach Anerkennung, Schönheit und Ruhm, den Wunsch nach dem perfekten, vollends kontrollierbaren Körper ebenso wie die Erinnerungen an die leidige pubertäre Auseinandersetzung mit diesem. Wenn Zilla ihr Tutu anzieht, wird sie zu *Zilla Nina Ballerina* (1997): Der Titel klingt wie die Beschwörungsformel einer magischen Verwandlung, die Verwirklichung eines von vielen gehegten Mädchentraums.

Als Pendant zum Tutu als Metapher rosig verpackter Kindheitsmuster bewahrt Zillas Schrank eine jener Abendroben, die nicht nur den sozialen Status einer Frau und ihres «Gönners» nach dem Motto «Kleider machen Leute» anzeigen,[19] sondern zugleich den Körper der Frau zu einer wandelnden Skulptur machen. Das rote Kleid (*Akris*, 2013), dessen Unterrock in fleischiger Analogie zum weiblichen Geschlecht ausgestülpt ist und eine Art Blütenstempel zum Vorschein bringt, entwickelt die erotisierende Anziehungskraft einer Paradiesblume — das Souvenir einer exzentrischen Ballnacht, wie man sie etwa auf dem Wiener Opernball verbringt.

«Ich mache das Bühnenbild,
aber ich schreibe nicht das Theater.»

Was auf dem Ball geschah? *13 Räume* ist — auch wenn der Titel so klingen mag — weder Roman noch Film. Zilla Leutenegger nimmt weder die Position der (allwissenden) Autorin noch die der Regisseurin ein. Weil ihre Arbeiten eben keine Handlung haben, lese man sie wie Bilder und nicht wie Filme — sie interessiere sich nicht für den Film oder das Kino.[20] Wiederholt hat Leutenegger betont, dass es nicht darum gehe,

neyed feat Stallone performs with his muscles in the movie (*Lessons I Learned from Rocky I to Rocky III*, 2002).
Zilla is always presented as a lonely figure, occupied with herself. Time and again she appears suddenly, unprotected, unstyled, in moments of insecurity and weakness, moments that "really everyone is familiar with". As Leutenegger explains, "My works are often about being alone [...] For me an image is a state in which you are alone in a very extreme way, with yourself. That is then a positive form of being alone: standing in a strange limelight and thus more or less being brought onto the stage. I am concerned with those moments of being alone, or with quiet, simple moments that are highly complex."[25] The complexity of these moments lies in the wealth of ways they can be interpreted: "[...] the simpler something is, the more varied are the ways in which you can interpret it."[26] To the observer Zilla's clothes appear—in part familiar—props in that "theater of the past", which according to Gaston Bachelard is "our memory" and in which "the stage setting maintains the characters in their dominant roles."[27]

13 Rooms

Zilla as the fictional character conveys to the observer recollections, which may initially have been based on the artist's own experiences. Zilla deprives them of their supposed autobiographical uniqueness. This openness in Leutenegger's works is to be seen all the more as an invitation, a direct call for identification, when the observer enters the exhibition rooms in which Zilla's recollections unfold.
By means of a drawing expanded into the three-dimensional realm, the artist succeeds in suggesting space, defining space, unsettling existing space, and expanding it in the manner of a stage. She acquires the rooms of recollection and always allows space for the observer, who sees himself in that space.[28] In this sensitive encounter with Zilla, the girl and woman next door, he can find in himself those lonely moments in which, as Bachelard said, the passions really begin to "simmer and seethe". Zilla's clothes and her photos in the works of Zilla Leutenegger pave the way for us into the "space(s) of our loneliness": And "all the spaces of our past moments of solitude, the spaces in

Geschichten zu erzählen, ein Drama zu entspinnen. Es handle sich bei ihren Arbeiten «eigentlich um Bewegungsstudien [...], um das Bewohnen der Räume, das Aufzeigen, dass jemand da ist, der eine Aura hat»[21]. Diese Aura vermittelt Leutenegger durch bewegte Bilder: Anders als eine blosse Zeichnung lässt die animierte oder Videozeichnung[22] den «Eindruck eines Gegenübers» entstehen, einer Situation, die gerade eben passiert und regelrecht «körperlich» wird.[23]

Wenn Leutenegger bestimmte Situationen ins Bild rückt und ihrer Figur darin einen Auftritt verschafft, arbeitet sie eher wie eine Szenografin: «Ich mache das Bühnenbild, aber ich schreibe nicht das Theater.»[24] Es tritt auf: Zilla als junges Mädchen mit wehendem Haar, in Gedanken versunken am Rhein (*Footloose*, 2013), Zilla als surreal schwebende, introvertiert vor sich hin summende Nachtwandlerin (*Alliz*, 1998), Zilla tanzend als *Nina Ballerina* (1997), Zilla am ersten Tag ihrer ersten Tage (*In a way you made my day*, 2013), Zilla mit prüfendem Blick vor dem Spiegel, in einem roten Pullover, mit dessen Hilfe sie spielerisch ihren Busen an- und abschwellen lässt wie der klischeehafte Stallone im Film seine Muskeln (*Lessons I Learned from Rocky I to Rocky III*, 2002).

Immer erscheint uns Zilla als einsames Gegenüber, mit sich selbst beschäftigt. Immer wieder tritt sie uns unvermittelt, ungeschützt, ungestylt gegenüber, in Momenten der Verunsicherung und Schwäche, wie sie «eigentlich jeder von sich kennt». «In meinen Arbeiten», so Leutenegger, «geht es viel ums Alleinsein [...] Ein Bild ist für mich wie ein Zustand, in welchem man ganz extrem alleine, bei sich, ist. Das ist dann ein gutes Allein-Sein: in einem komischen Rampenlicht zu stehen und so quasi auf die Bühne gebracht zu werden. Es geht mir um Momente des Allein-Seins oder um ruhige, einfache Momente, welche sehr komplex sind.»[25] Die Komplexität dieser Momente liegt in der Fülle von Deutungsmöglichkeiten: «[...] je einfacher etwas ist, desto unterschiedlicher kann man es auch interpretieren.»[26] Dem Betrachter erscheinen Zillas Kleider als – teils altbekannte – Requisiten in jenem «Theater der Vergangenheit», das, mit Gaston Bachelard gesprochen, «unser Gedächtnis ist» und in dem «die Bühnenausstattung den handelnden Personen ihre Stichworte» gibt.[27]

which we have suffered from solitude, enjoyed, desired, and compromised solitude, remain indelible within us, and precisely because the human being wants them to remain so."[29]

The path to the converted attic in Schloss Morsbroich leads the visitor into Zilla's and indirectly also into his own past. It is as if he were to walk, room by room, through an architectural composition of the kind designed as an aid to memory in the early *ars memoriae*, in order to lend knowledge a structure. Like a wanderer strolling step by step through time, he roams the individual stations of this biography in clothes. Coming from the present, he is first taken to the vestibule, the most remote period of time, in recollections conveyed by the family (the mother), before then moving along an artfully curved timeline and at the end of the tour he is released into the present again — enriched. And for Zilla Leutenegger, "it is very important that the observer really walks in and visits the room".[30] In the same way that visitors to English landscaped gardens follow the curving lines of paths that wind their way through the landscape like streams and reveal ever new views directed by the arrangement of the plants towards bridges and grottos, temples and monuments, which are fairly often orchestrated travel recollections of their princely builders, the visitor is directed by the artist through a course laid out in 13 rooms.

In rooms that only open up slightly to the observer (*Alliz*, 1998) or allow a voyeuristic gaze through the peephole (*Passato remoto*, 2007), the video recordings appear as remote images, and temporal distance is made palpable. Here Leutenegger appears to have adapted that principle of the landscape garden according to which the foot never follows the eye: the wanderer as a passerby only grazes the landscape monuments, only perceives them from a distance, because the route already breaks off before he reaches them. Yet in other rooms of the exhibition we delve into ghostly scenes like that of the piano, which produces the music for the dancing *Zilla Nina Ballerina* and whose keys are moved automatically, with no-one sitting on the piano stool. We are enchanted by the aura of a single garment, like the pullover that serves as a memory of a failed love (after the song by Gianni Meccia: *Il pullover che mi hai dato tu*, 2013), confronted with the tragic evidence as delivered (albeit silently) by that pair of pants that Zilla

Die Kunstfigur Zilla vermittelt dem Betrachter Erinnerungen, die zunächst auf individuellen Erfahrungen der Künstlerin beruht haben mögen. Zilla nimmt ihnen die vermeintliche Einzigartigkeit autobiografischer Prägung. Diese Offenheit in Leuteneggers Arbeiten ist umso mehr als Einladung, als indirekter Appell zur Identifikation zu verstehen, als der Betrachter in der Ausstellung die Räume betritt, in denen sich Zillas Lebenserinnerungen entfalten.

Mit den Mitteln der ins Dreidimensionale erweiterten Zeichnung gelingt es der Künstlerin, Raum anzudeuten, Raum zu bezeichnen, bestehende Räume zu verunsichern und bühnenhaft zu erweitern. Sie erschliesst die Räume der Erinnerung und lässt dabei immer auch Raum für den Betrachter, der sich assoziiert.[28] In der einfühlenden Auseinandersetzung mit Zilla, dem Mädchen beziehungsweise der Frau von nebenan, kann er in sich selbst jene einsamen Momente wiederfinden, in denen, wie Bachelard meinte, die Leidenschaften erst wirklich «kochen und brodeln». Zillas Kleider und ihre Fotos ebnen uns angesichts der Werke von Zilla Leutenegger den Zugang zu den «Räume(n) unserer Einsamkeit»: Wenn sie auch unwiederbringlich «hinter uns zurückgeblieben sind, bleiben doch die Räume, wo wir Einsamkeit erlitten, genossen, herbeigesehnt oder verraten haben, in uns unauslöschlich.»[29] Der Gang in den ausgebauten Dachboden von Schloss Morsbroich führt den Besucher in Zillas und indirekt auch in seine eigene Vergangenheit. Es ist, als würde er Kammer für Kammer eine Architektur durchschreiten, wie sie in der frühen *ars memoriae* als Gedächtnishilfe entworfen wurde, um Wissen zu verräumlichen. Wie ein durch die Zeit wandelnder Spaziergänger streift er die einzelnen Stationen dieser Biografie in Kleidern. Aus der Gegenwart kommend, wird er zunächst in das Vestibül, den Zeitraum der entlegensten, durch die Familie (die Mutter) vermittelten Erinnerungen versetzt, um sich dann entlang einer kunstvoll gekrümmten Zeitachse zu bewegen und am Ende des Rundgangs bereichert wieder in die Gegenwart entlassen zu werden. Dabei ist es Zilla Leutenegger «ein grosses Anliegen, dass der Betrachter den Raum richtig begeht»[30]. Wie der Spaziergänger in englischen Landschaftsgärten

must have worn that day when she was in New York and experienced the great disaster at first hand. This is suggested not just by the title *9/11 Jeans* (2013), but also by the shape of the sculpture: cast in concrete, the two severed trouser legs become a memorial for an event that opens up a wide resonant space of collective images, that evokes the many recollections of the respective room each individual was in when he found out and saw in the media how the airplanes flew into the twin towers.

Passato remoto

It is a long time ago, but the vivid recollection Zilla Leutenegger lends a helping hand adds the missing piano player in the aforementioned room. He is "visible on the stool as a shadow, and is combined on the wall with the real shadow of the piano. This creates two levels of images, the shadow, which depicts what you imagine, and the shadow of the object."[31]
Leutenegger's playing with various levels of time, reality and perception is based on combining objects and projections, on superimposing real and fictional spaces. The artist deliberately does not draw her figures on the wall so as not to fix them in one place. They attain a vague presence not as static, but as mobile figures. The video lets them enter the room as projections and simultaneously allows them to appear fleeting—the next moment they might disappear again, elude us like the shadows of the past. Leutenegger says she needs the new media in order to show "the motion in the image. But simultaneously, I *misuse* them because I never really exploit them fully; you could achieve much more using this technology."[32] Her focus is not on sophisticated rendering or perspective accuracy, but rather on creating atmospheric moments.[33] What is decisive for the observer's entry, his ability to remember and understand, is "the mood generated by the light, the music and the minimal movement of the figure".[34]
With a furtive glance through the fence, we follow the back and forth of the swing the child is sitting on—an archetypal image of the paradise of a carefree childhood. But what we see is a shadow, a projection into the past: *Passato remoto* (2007). While the shadow serves to

den geschwungenen Linien von Wegen folgt, die sich wie Bäche durch die Landschaft schlängeln und immer neue, durch die Bepflanzung gelenkte Blicke auf Brücken und Grotten, Tempel und Monumente freigeben, die nicht selten inszenierte Reiseerinnerungen ihrer fürstlichen Erbauer sind, so wird der Ausstellungsbesucher von der Künstlerin durch einen in 13 Räumen angeordneten Parkour geführt.

In Räumen, die sich dem Betrachter nur einen Spalt weit (*Alliz*, 1998) oder für einen voyeuristischen Blick durchs Guckloch (*Passato remoto*, 2007) öffnen, wirken die Videozeichnungen als entfernte Bilder, und zeitliche Distanz wird spürbar gemacht. Hier scheint Leutenegger jenes Prinzip des Landschaftsgartens adaptiert zu haben, nach dem der Fuss dort nie dem Auge folgt, der Spaziergänger als Passant die Landschaftsdenkmäler nur streift, sie aus der Entfernung wahrnimmt, da der Weg schon wieder abbiegt, bevor er sie erreicht. In anderen Räumen der Ausstellung tauchen wir jedoch ein in gespenstische Szenerien wie diejenige des Pianos, von dem die Musik für die tanzende *Zilla Nina Ballerina* ausgeht und dessen Tasten automatisch bewegt werden, obwohl niemand auf dem Klavierhocker sitzt. Wir werden verzaubert von der Aura eines einzelnen Kleidungsstücks wie des Pullovers, der als Erinnerung an eine zerbrochene Liebe bleibt (nach dem Lied von Gianni Meccia: *Il pullover che mi hai dato tu*, 2013), konfrontiert mit dem tragischen Zeugnis, wie es die Hose (wenn auch stumm) ablegt, die Zilla an jenem Tag getragen haben muss, an dem sie in New York war und unmittelbar erlebte, wie das grosse Unglück geschah. Neben dem Titel *9/11 Jeans* (2013) legt die Form der Skulptur dies nahe: In Beton gegossen, werden die beiden abgetrennten Hosenbeine zum Denkmal eines Ereignisses, das einen weiten Resonanzraum an kollektiven Bildern öffnet, die vielen Erinnerungen an den jeweiligen Raum aufruft, in dem sich jeder Einzelne befand, als er erfuhr und in den Medien sah, wie die Flugzeuge in die Zwillingstürme flogen.

Passato remoto

Lange ist es her, doch die bildmächtige Erinnerung, der Zilla Leutenegger auf die Sprünge hilft, ergänzt in dem erwähnten Raum den fehlen-

indicate the presence of the child that casts it, the projection visualizes that original scene on which the memory is based. The child seems within our reach and yet is far away. The swing becomes a metaphor for our memory that moves back and forth between past and present. The distance its movements extend back vary; sometimes they waver like those of the torch (*Torch*, 2006) that Leutenegger holds with extended arm into the depths of the past, in order to rediscover those rooms in which her alter ego recorded: "Zilla was here."

1   "The more the work withdraws, the more the observer involves himself"; Zilla Leutenegger, quoted from Dorothee Messmer, "Versuche, das Unmögliche möglich zu machen. Zilla Leutenegger im Gespräch", in: *Zilla und das 7. Zimmer*, exhib. cat. Kunstmuseum Thurgau, Warth, (Zurich, 2008), pp. 101–09, here p. 103. On "Zilla" as a kind of prototype, using her pose to locate herself in the room and consequently in the world, see Claudia Spinelli, "Zilla rennt", in: *Die Weltwoche*, Zurich, Sept. 11, 2003, p. 98.

2   See Hans-Rudolf Reust, "Zilla sind Viele", in: Christoph Doswald (ed.), *Welcome in my dress. Zilla Leutenegger*, (Basel, 2001), pp. 5–7.

3   Bachelard understands the closet as a "veritable organ of secret psychological life"; Gaston Bachelard, *The Poetics of Space*, (Beacon: Boston, 1969) [1957], pp. 74 f.

4   Oscar Vladislas de Lubicz Milosz, *L'Amoureuse initiation* (1910), quoted from Bachelard, 1969 (see note 3), p. 79. Not the philosopher, but the poet seemed to realize, according to Bachelard (ibid.), "that the memory is a closet".

5   Zilla Leutenegger in a conversation with the author, 2013.

6   See the article "Mene Mene Tekel Upharsin", in: Bibel-Lexikon, http://www.bibelkommentare.de/index.php?page=dict&article_id=1178.

7   Video installations with fitted furniture and architectural pieces with projections of video drawings; see the exhibition catalog *Zilla Leutenegger. Wichtiger Besuch*, Saarlandmuseum, Moderne Galerie, (Ostfildern, 2006); and *Zilla und das 7. Zimmer*, exhib. cat. Kunstmuseum Thurgau, Warth, (Zurich, 2008), pp. 120–27.

8   Beate Söntgen, "In der Raumbox. Zillas Hüllen", in: *Zilla und das 7. Zimmer*, exhib. cat. Kunstmuseum Thurgau, Warth, (Zurich, 2008), pp. 87–93, quotation p. 89.

9   Ibid., p. 87.

10 See Mihaly Csikszentmihalyi & Eugene Rochberg-Halton, *Der Sinn der Dinge. Das Selbst und die Symbole des Wohnbereichs*, (Munich & Weinheim, 1989). The authors understand cultivation as a process of objectivization of the person (the human being incorporated into the culture of things) and—complementary to this—subjectivizations of the world (things and what is connected with them are integrated into the self); see here the preface of the German edition by Alfred Lang, http://s272261905.online.de/old/pap1/1989-07sinndinge.htm.

11 Söntgen, 2008 (see note 8), p. 87.

12 See Christoph Doswald (ed.), *Welcome in my dress. Zilla Leutenegger*, (Basel, 2001), pp. 147, 150.

13 See Günter Oesterle: "Souvenir und Andenken", in: *Der Souvenir. Erinnerung*

den Klavierspieler. Er ist auf dem Hocker «als Schatten sichtbar und wird an der Wand mit dem realen Schatten des Pianos zusammengefügt. So entstehen zwei Bildebenen, der Schatten, der das wiedergibt, was du dir vorstellst, und der Schatten des Objekts.»[31]

Leuteneggers Spiel mit verschiedenen Zeit-, Wirklichkeits- und Wahrnehmungsebenen basiert auf der Kombination von Objekten und Projektionen, auf der Überblendung von realen und fiktiven Räumen. Die Künstlerin zeichnet ihre Figuren bewusst nicht direkt auf die Wand, um sie nicht zu fixieren. Nicht als statisches Gegenüber, sondern als leicht Bewegte erlangen sie eine vage Präsenz. Das Video bringt sie als Projektionen in den Raum und lässt sie zugleich flüchtig erscheinen – im nächsten Moment könnten sie wieder verschwinden, sich wie die Schatten der Vergangenheit dem Zugriff entziehen. Sie brauche, so Leutenegger, die neuen Medien, um «die Bewegung im Bild zu zeigen. Aber ich *missbrauche* sie auch gleichzeitig, weil ich sie nie wirklich auskoste, es wäre von der Technik her noch viel mehr möglich.»[32] Das Augenmerk liegt nicht auf ausgefeiltem Rendering oder perspektivischer Richtigkeit, sondern vielmehr auf atmosphärischen Momenten.[33] Entscheidend für den Einstieg, den erinnernden Nachvollzug durch den Betrachter sei «die Stimmung, die durch das Licht, die Musik und durch die minimale Bewegung der Figur hervorgerufen wird»[34].

Mit einem verstohlenen Blick durch den Zaun verfolgen wir das Hin und Her der Schaukel, auf der ein Kind sitzt – ein archetypisches Bild vom Paradies unbeschwerter Kindheit. Doch was wir sehen, ist ein Schatten, eine Projektion in die Vergangenheit: *Passato remoto* (2007). Wie der Schatten als Index auf die Anwesenheit des Kindes, das ihn wirft, verweist, so vergegenwärtigt die Projektion jene ursprüngliche Szene, die der Erinnerung zugrunde liegt. Das Kind erscheint uns zum Greifen nah und ist doch weit entfernt. Die Schaukel gerät zur Metapher der zwischen Vergangenheit und Gegenwart hin- und herpendelnden Erinnerung. Ihre Bewegungen reichen unterschiedlich weit zurück, sie sind mitunter schlingernd wie diejenigen der Taschenlampe (*Torch*, 2006), die Leutenegger mit dem langen Arm in die Tiefen der Vergangenheit hält, um die Räume wiederzufinden, in die sich ihr Alter Ego eingeschrieben hat: «Zilla was here.»

in Dingen von der Reliquie zum Anden-
ken, exhib. cat. Museum für angewandte Kunst Frankfurt, Frankfurt/Main,
(Cologne, 2006), pp. 16–45.

14 Uwe M. Schneede, "Die Mittel der
Erinnerung", in: *Christian Boltanski.*
Inventar, exhib. cat. Hamburger Kunsthalle, (Hamburg, 1991), pp. 9–22,
quotation p. 14.

15 Ibid.

16 Delphine Renard, "Gespräch mit Christian Boltanski", in: *Christian Boltanski*,
exhib. cat. Staatliche Kunsthalle
Baden-Baden, (Baden-Baden, 1984),
pp. 41–58, here p. 48.

17 See Schneede, 1991 (see note 14), p. 13.

18 Christian Boltanski in Renard, 1984
(see note 16), p. 48.

19 On clothing as the objectivization and
expression of identity: Carlo Michael
Sommer, "Mode", in: Dieter Frey & Carl
Graf Hoyos (eds.), *Psychologie in Kultur,*
Gesellschaft und Umwelt, (Weinheim,
2005), pp. 245–52; on the sociological
components of self-presentation via
fashion: Silvia Bovenschen (ed.),
Die Listen der Mode, (Frankfurt/Main,
1986).

20 Zilla Leutenegger, "Selbstgespräche
und Geheimsprachen. Interview
mit Claudia Spinelli", in: *Zilla*, exhib.
cat. Bündner Kunstmuseum Chur, ·
(Zurich, 2004), ch. "E. Essays", unpaginated.

21 Zilla Leutenegger in Ralph Melcher,
"Poesie des Raumes. [Gespräch mit
Zilla Leutenegger]," in: *Zilla Leuten-*
egger. Wichtiger Besuch, exhib. cat.
Saarlandmuseum, Moderne Galerie,
(Ostfildern, 2006), pp. 67–73, here
p. 69; see Zilla Leutenegger in Messmer,
2008 (see note 1), p. 101.

22 "Video Drawing: a projected drawing
that moves": Zilla Leutenegger in
Doswald, 2001 (see note 12), p. 151.

23 Zilla Leutenegger in Messmer, 2008
(see note 1), p. 102.

24 Zilla Leutenegger in Melcher, 2006
(see note 21), p. 69.

25 Leutenegger, 2004 (see note 20),
unpaginated

26 Ibid.

27 Gaston Bachelard in his *The Poetics*
of Space, which he describes as a kind
of topography of the intimate being,
as a "study of the sites of our intimate
lives"; Bachelard, 1969 (see note 3), p. 8.

28 See Melcher, 2006 (see note 21),
esp. p. 68.

29 Bachelard, 1969 (see note 3), p. 10.

30 Leutenegger, 2004 (see note 20),
unpaginated.

31 Zilla Leutenegger in Messmer, 2008
(see note 1), p. 102.

32 "I am becoming more and more minimal as regards exploiting technical
options": Leutenegger, 2004 (see note
20), unpaginated.

33 See Zilla Leutenegger in Melcher, 2006
(see note 21), p. 71.

34 Zilla Leutenegger in Messmer, 2008
(see note 1), p. 101.

Umschlagabbildungen /
Cover illustrations:

FOOTLOOSE, 2013
Inkjet Fine Art, 150 × 95 cm,
Auflage von 3 /*edition of 3,*
Foto/*photo:* Anna Leutenegger

MARCIA, 2010
Bleistift und Acryl auf Papier
pencil and acrylic on paper,
103 × 75 cm

1 «Je mehr sich die Arbeit zurücknimmt, desto mehr bringt der Betrachter sich selbst ein»; Zilla Leutenegger, zit. nach Dorothee Messmer, «Versuche, das Unmögliche möglich zu machen. Zilla Leutenegger im Gespräch», in: *Zilla und das 7. Zimmer*, Ausst.-Kat. Kunstmuseum Thurgau, Warth, Zürich 2008, S. 101–109, hier S. 103. Zu «Zilla» als einer Art Prototyp, der sich über die Pose im Raum und damit in der Welt verorte, vgl. Claudia Spinelli, «Zilla rennt», in: *Die Weltwoche*, Zürich, 11.9.2003, S. 98.

2 Vgl. Hans-Rudolf Reust, «Zilla sind Viele», in: Christoph Doswald (Hg.), *Welcome in my dress. Zilla Leutenegger*, Basel 2001, S. 5–7.

3 Bachelard versteht den Schrank als «Modell der Innerlichkeit»; Gaston Bachelard, *Poetik des Raumes*, Frankfurt a. M. 2007 [1957], S. 94 f.

4 Oscar Vladislas de Lubicz Milosz, *L'Amoureuse initiation* (1910), zit. nach Bachelard 2007 (wie Anm. 3), S. 95. Nicht der Philosoph, wohl aber der Dichter erkenne, so Bachelard (ebd.), «dass das Gedächtnis ein Schrank ist».

5 Zilla Leutenegger im Gespräch mit dem Autor, 2013.

6 Vgl. den Artikel «Mene Mene Tekel Upharsin», in: *Bibel-Lexikon*, www.bibelkommentare.de/index.php?page=dict&article_id=1178.

7 Videoinstallationen mit eingebauten Möbeln und Architekturfragmenten mit Projektionen von Videozeichnungen; siehe dazu den Katalog zur Ausstellung *Zilla Leutenegger. Wichtiger Besuch* (Saarlandmuseum, Moderne Galerie, Ostfildern 2006); sowie *Zilla und das 7. Zimmer*, Ausst.-Kat. Kunstmuseum Thurgau, Warth, Zürich 2008, S. 120–127.

8 Beate Söntgen, «In der Raumbox. Zillas Hüllen», in: *Zilla und das 7. Zimmer*, Ausst.-Kat. Kunstmuseum Thurgau, Warth, Zürich 2008, S. 87–93, zit. S. 89.

9 Ebd., S. 87.

10 Vgl. Mihaly Csikszentmihalyi u. Eugene Rochberg-Halton, *Der Sinn der Dinge. Das Selbst und die Symbole des Wohnbereichs*, München/Weinheim 1989. Die Autoren verstehen Kultivation als Prozess von Objektivierungen der Person (der Mensch in die Kultur der Dinge aufgenommen) und – komplementär dazu – Subjektivierungen der Welt (die Dinge und was mit ihnen verbunden ist werden ins Selbst integriert); vgl. hierzu das Vorwort der dt. Ausg. von Alfred Lang, http://s272261905.online.de/old/pap1/1989-07sinndinge.htm.

11 Söntgen 2008 (wie Anm. 8), S. 87.

12 Vgl. Christoph Doswald (Hg.), *Welcome in my dress. Zilla Leutenegger*, Basel 2001, S. 147, 150.

13 Vgl. hierzu Günter Oesterle, «Souvenir und Andenken», in: *Der Souvenir. Erinnerung in Dingen von der Reliquie zum Andenken*, Ausst.-Kat. Museum für angewandte Kunst Frankfurt, Frankfurt a. M., Köln 2006, S. 16–45.

14 Uwe M. Schneede, «Die Mittel der Erinnerung», in: *Christian Boltanski. Inventar*, Ausst.-Kat. Hamburger Kunsthalle, Hamburg 1991, S. 9–22, zit. S. 14.

15 Ebd.

16 Delphine Renard, «Gespräch mit Christian Boltanski», in: *Christian Boltanski*, Ausst.-Kat. Staatliche Kunsthalle Baden-Baden, Baden-Baden 1984, S. 41–58, hier S. 48.

17 Vgl. Schneede 1991 (wie Anm. 14), S. 13.

18 Christian Boltanski in Renard 1984 (wie Anm. 16), S. 48.

19 Zu Kleidung als Objektivierung und Ausdruck der Identität: Carlo Michael Sommer, «Mode», in: Dieter Frey u. Carl Graf Hoyos (Hg.), *Psychologie in Kultur, Gesellschaft und Umwelt*, Weinheim 2005, S. 245–252; zu den soziologischen Komponenten der Selbstinszenierung via Mode: Silvia Bovenschen (Hg.), *Die Listen der Mode*, Frankfurt a. M. 1986.

20 Zilla Leutenegger, «Selbstgespräche und Geheimsprachen. Interview mit Claudia Spinelli», in: *Zilla*, Ausst.-Kat. Bündner Kunstmuseum Chur, Zürich 2004, Kap. «E. Essays», o. S.

21 Zilla Leutenegger in Ralph Melcher, «Poesie des Raumes. [Gespräch mit Zilla Leutenegger]», in: *Zilla Leutenegger. Wichtiger Besuch*, Ausst.-Kat. Saarlandmuseum, Moderne Galerie, Ostfildern 2006, S. 67–73, hier S. 69; vgl. Zilla Leutenegger in Messmer 2008 (wie Anm. 1), S. 101.

22 «Video Drawing: a projected drawing that moves»: Zilla Leutenegger in Doswald 2001 (wie Anm. 12), S. 151.

23 Zilla Leutenegger in Messmer 2008 (wie Anm. 1), S. 102.

24 Zilla Leutenegger in Melcher 2006 (wie Anm. 21), S. 69.

25 Leutenegger 2004 (wie Anm. 20), o. S.

26 Ebd.

27 So Gaston Bachelard in seiner *Poetik des Raumes*, die er als eine Art Seelentopografie bezeichnet, als «Studium der Örtlichkeiten unseres inneren Lebens»; Bachelard 2007 (wie Anm. 3), S. 35.

28 Vgl. hierzu Melcher 2006 (wie Anm. 21), bes. S. 68.

29 Bachelard 2007 (wie Anm. 3), S. 36.

30 Leutenegger 2004 (wie Anm. 20), o. S.

31 Zilla Leutenegger in Messmer 2008 (wie Anm. 1), S. 102.

32 «Ich werde eigentlich immer minimaler in der Ausschöpfung der technischen Möglichkeiten»; Leutenegger 2004 (wie Anm. 20), o. S.

33 Vgl. Zilla Leutenegger in Melcher 2006 (wie Anm. 21), S. 71.

34 Zilla Leutenegger in Messmer 2008 (wie Anm. 1), S. 101.

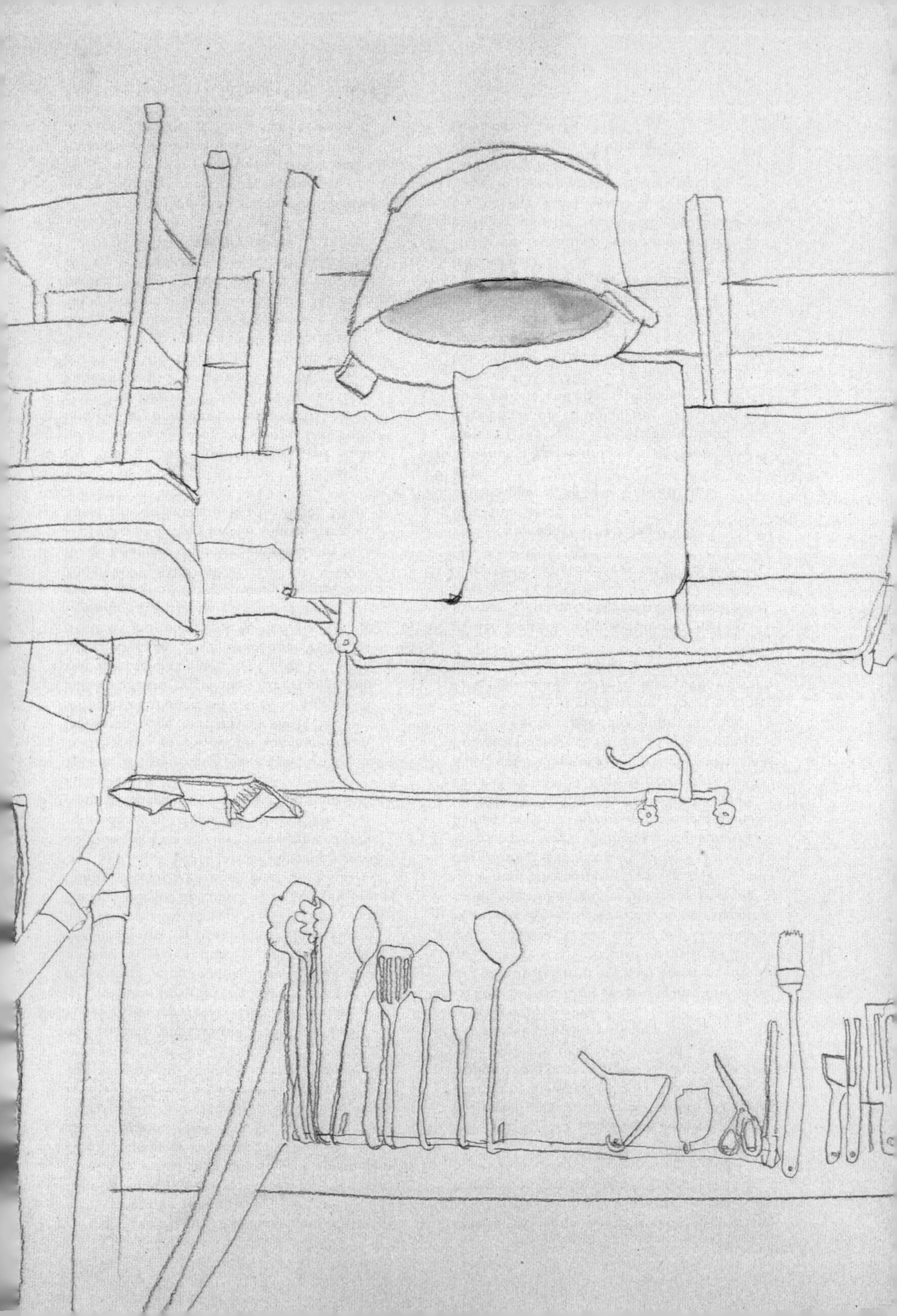

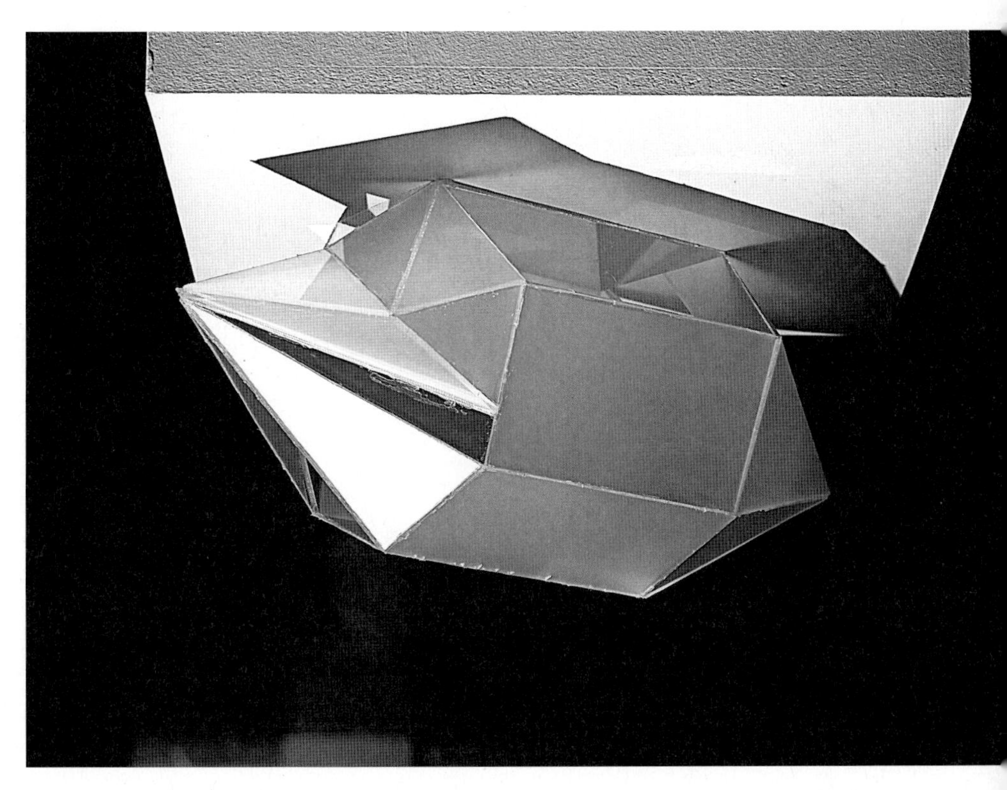

A Rooftop for

Michele

the Past Five Years

Robecchi

«Die Kunst ist einer der wenigen Bereiche, in denen man erfolgreich sein kann, obwohl man die eigenen Schwächen offenbart», hat Zilla Leutenegger vor fünf Jahren gesagt, nachdem ihre Arbeit von jemandem «als irgendwie kindlich» bezeichnet worden war.[1] In der Tat wurde diese Eigenschaft schon häufiger mit ihrem Werk assoziiert, und ehrlich gesagt ist dies auf den ersten Blick vielleicht auch gar nicht so unangebracht. Ein ihr eigener Sinn für Aufrichtigkeit, Offenheit, Träumerei und eine Vorgehensweise, die nicht davor zurückschreckt, das Instinktive der vollendeten Meisterschaft vorzuziehen, dies alles sind typische Merkmale eines kindlichen Geistes, und doch ist Leuteneggers Erklärung bedeutungsvoll, da sie ein Licht nicht nur auf ihre künstlerische Praxis wirft, sondern auch auf die Rolle, die sie in einem grösseren theoretischen Zusammenhang einnimmt. Die Gegenwartskunst ist seit jeher eine fruchtbare Oase für die Debatte. Unzulänglichkeiten und Zweifel finden hier ihren ganz eigenen Platz neben übermütigen Zurschaustellungen von Entschlossenheit. Während es unaufrichtig wäre, sowohl das Gefühl von Faszination und Sympathie unterzubewerten, das unmögliche Missionen und gescheiterte Versuche bei der Öffentlichkeit erweckt, wie auch das reiche Erbe, das sie in der Populärkultur im Laufe der Zeit hinterlassen haben, hat die Geschichte – von Don Quijote bis Karl der Kojote – wiederholt gezeigt, dass derlei Episoden, trotz ihres unvermeidlich schlechten Endes, am besten in einer Struktur zu funktionieren scheinen, die jener der etwas vom Glück begünstigteren Pendants nicht unähnlich ist. Das Scheitern zieht das Rampenlicht erst dann auf sich, wenn es episch und grandios ist. Je höher man fliegt, desto wahrscheinlicher ist ein harter Aufprall – ein Prinzip, das ebenso für die König-Lear-Typen gilt, die in völliger Losgelöstheit von der Realität des gemeinen Mannes mit der Erschaffung und konsequenten Zerstörung ihres eigenen Universums beschäftigt sind, wie auch für die kleinen David-Typen, die sich bereitwillig bewaffnen und in den erfolglosen Kampf gegen den Goliath ziehen.

Leuteneggers Arbeit zeigt keinerlei Merkmale, dass sie vor allem auf der Unmöglichkeit der Überwindung einer vorbestimmten Reihe von Beschränkungen beruht. Aus ihrer transzendierten Perspektive heraus offenbart sie persönliche Anliegen, dabei hat sie jedoch nichts mit der politischen Agenda jener Aussenseiterkünstler der 1960er-Jahre zu tun,

"Art is one of the few areas where you can be successful by revealing your weakness" stated Zilla Leutenegger five years ago in response to the view that her work presents a somewhat child-like quality.[1] It is indeed an assumption that has been frequently associated with what she does and, in all fairness, one that at least at first glance doesn't come across as entirely misplaced. Innate sincerity, candor, perennial dream-pursuing, and a methodology that even in its most refined hour doesn't entirely shy away from privileging instinct over consummated mastership are all typical ingredients of the juvenile mind, and yet Leutenegger's clarification is important as it casts a few lights not only on her practice but on its role within a larger theoretical discourse. Contemporary art has been a traditionally fertile oasis for debate, letting shortcomings and hesitations have their own place next to the most exuberant displays of decisiveness. While it would be disingenuous to underestimate the sentiment of fascination and sympathy that impossible missions and failed attempts exact from the public, as well as the rich heritage that they have established in popular culture over time, from Don Quixote to Willie the Coyote, history has repetitiously shown that these episodes, despite the inevitable sour ending, seem to work at best when they function within a structure not dissimilar to the one of their more fortunate counterparts. When failure earns the spotlight, it does so because it is epic and grandiose. The higher you fly, the most likely it is that you will fall with a bump — a principle as valid both for King Lear-types engaged in the construction and consequent destruction of their own universe in complete detachment from the common's man reality and for small David-types willing to arm themselves and abortively challenge a Goliath. Leutenegger's work, although largely based on the impossibility of overcoming a predetermined set of limitations, offers none of these traits. Her transcended perspective reveals concerns of personal nature, and it is distinctively remote from the political agenda the

die man so begeistert aufnahm, weil sie eine erfrischende Gegenposition zur akademischen Kunst darstellten. Zugleich wird die Realität in ihrer einfachsten Definition in Leuteneggers Welt eher angenommen als abgelehnt. Die Charaktere, die ihre Szenarien bevölkern — häufig in der Form eines Alter Ego —, sind allein, doch scheinen sie über ihre Abgeschiedenheit nicht glücklich zu sein. Sie sind nicht Aussenseiter der Gesellschaft, sondern vielmehr eindeutig Teil von ihr und mit banalen Dingen beschäftigt, die jene Momente der Selbstvergessenheit hervortreten lassen, die dann entstehen, wenn die Figuren in ihrer eigenen Blase agieren und sich des Umstandes nicht bewusst sind, dass sie den prüfenden Blicken von aussen ausgeliefert sind. Vielleicht liegt es an der Vertrautheit ihrer Bewegungen — wenn sie eine dampfende Kaffeetasse halten oder vor einem nur dürftig erhellten Tisch in ihrem Stuhl kippeln —, dass ihre Interaktion mit der Umgebung eine Atmosphäre der Ruhe vermittelt, selbst dann, wenn sie im klassischen nächtlichen Aufruhr existenzieller Zerrissenheit gefangen sind. Sie zeichnen sich vielleicht nicht durch jene kompromisslose Haltung der Verzweiflung eines Bas Jan Ader in *I'm too sad to tell you* (1970) aus beziehungsweise durch die finstere Wut von Neil Young, der allein im Backstagebereich von *Piece of Crap* (1994) herumstreift; ihre Emotionen sind jedoch genauso intensiv, wenn auch etwas undurchschaubarer. So entwickeln sie sich aus der Wiederholung einer Geste heraus, die sie in die Falle lockt, beschreiben eine zirkuläre Narrationsstruktur und vermitteln so etwas wie Verletzlichkeit.

Ein anderer Aspekt, der belegt, dass für Leutenegger die Marginalisierung nicht einer rebellischen Haltung gleichkommt, sondern einen Moment der Introspektion darstellt, ist die wiederkehrende Koexistenz von Zeichnung, Skulptur und Videoanimation in einer Arbeit. Deren vereinte Konstruktion eines einzelnen Bildes offenbart eine Achtsamkeit seitens der Künstlerin, die nur schwer zu der Rohheit passt, die eine konfrontative Vorgehensweise gewöhnlich erfordern würde. Leuteneggers Technik scheint stattdessen in einer merkwürdigen Kombination aus Dilettantismus und Professionalität die Beschränkungen eines jeden Mediums, das sie verwendet, genau zu bestimmen. Die Unmittelbarkeit der Zeichnung, die räumliche Anordnung der Skulptur und die Bewegung der Animation ergänzen einander in der Herstellung eines abgerundeten Ereignisses, das dem Betrachter eine Szene präsentiert, zu der er sich zwar

first generation of outsider artists in the 1960s had when they won widespread acceptance as a refreshing countermeasure to the increasing dominance of academic modes. At the same time, in Leutenegger's world, reality, intended in its most ordinary definition, is embraced rather than rejected. The characters that populate her scenarios (often in the form of an alter ego manifestation) are solitary but they do not rejoice in their isolation. Far from looking like society's outcasts, they are very much part of it, caught in mundane activities designed to emphasize those moments when they are lost in their own bubble, blissfully unaware of their being exposed to external scrutiny. Perhaps due to the familiarity of their movements, from holding a smoking coffee mug to rocking on a chair in front of a somberly lit table, their interaction with the environment where they are situated communicates an atmosphere of tranquility even when they are engaged in classic nighttime existential turmoil. They might not possess the uncompromising attitude of Bas Jan Ader's desperation in *I'm too sad to tell you* (1970) or the dark rage of Neil Young wandering alone in a backstage area in *Piece of Crap* (1994), but their feelings are equally deep if a little more opaque, and emerge through the repetition of a gesture that lures them into entrapment, ultimately outlining a circular narrative and conveying a message of vulnerability.

Another aspect that confirms how for Leutenegger marginalization is not a rebellious stance but a moment of introspection is the recurring co-existence of drawing, sculpture, and video animation within the same piece. Their working together towards the construction of one single image reveals an attentiveness from the author's side that hardly matches the rawness that a confrontational approach would normally require. A curious combination of amateurism and professionalism, Leutenegger's technique seems instead to pinpoint the limits of each media she adopts. The immediacy of drawing, the spatial configuration of sculpture, and the movement

in Beziehung setzen, an der er aber nicht teilhaben kann. Die eintönige Bewegung suggeriert den überraschenden Nebeneffekt der Bewegungslosigkeit, wenn der Betrachter zu lange hinschaut, und wenn er ein paar Sekunden den Blick abwendet, um dann wieder hinzuschauen, hat er das Gefühl, die Zeit würde stillstehen, da er sich bewusst ist, dass die Aktivität andauert, auch wenn er der Arbeit den Rücken kehrt – ein Mechanismus, der in *The Night that Never Ended* (2013) verdichtet wird; hier widersetzt sich ein nicht schmelzender Eiswürfel den Gesetzmässigkeiten der Zeit und wird zum ewigen Zeugen eines Gesprächs und eines Drinks, die kommen und gehen.

Interessanterweise wird das tatsächliche Ergebnis dadurch, dass reale und fingierte Elemente miteinander verbunden werden, noch realer – eine Dynamik, mit der Leutenegger experimentiert, indem sie die Grenzen der Kunst überschreitet und einen Dialog mit anderen kreativen Ausdrucksformen sucht. Beispiele sind die Architektur – anlässlich der Retrospektive *No. 250* von Herzog & de Meuron im Schaulager, für die sie Videoporträts des Fussballstadions St. Jakob-Park und des Laban Dance Centre in London schuf – und auch kürzlich die Mode – durch ihre Zusammenarbeit mit der Modedesignerin Lela Scherrer für die Kollektion *Zillalelalelazilla* [2]. Und nicht zuletzt werden die Namen der Arbeiten und der Ausstellungen separat entwickelt und erst am Ende des Prozesses den Werken hinzugefügt; daraus entstehen weitere Bedeutungsebenen und Wortspiele wie *Off the Wall* (2010) oder *Fairlady Z*, eine einfache Bezeichnung, die über das namengebende Automodell von Nissan hinausgeht und auf das Musical *My Fair Lady* verweist oder auf die südafrikanische Frauenzeitschrift *Fairlady* und natürlich auf die Initialen der Künstlerin.

Das fortwährende Bemühen, in neue visuelle und linguistische Bereiche vorzudringen, verweist auf Leuteneggers Neigung, die Schokolade des Ostereis mehr zu geniessen als die in ihm verborgene Überraschung, lieber die Reise als das Ziel, lieber die Suche als das Ergebnis. Der Mangel eines spezifischen Konzepts zur Beschreibung ihrer Arbeit unterstützt die These, dass ihr die Freude über das ewige Anfängersein die Freiheit beschert, eine Art verfeinerte Naivität an den Tag zu legen – eine Möglichkeit, die wiederum die Kraft in sich birgt, Künstler und Betrachter gleichermassen zu bestaunen, eine Vorgehensweise aus Staunen und

of animation complement each other to provide a fully-rounded visual experience where viewers are faced with a scene they are able to relate to but unable to join. The unvaried motion has the surprising double effect of suggesting stillness if observed for too long and the passing of time if ignored after a few seconds, as there is a sense of awareness that even if we turned our back and move on somewhere else, activity continues — a mechanism condensed in *The Night that Never Ended* (2013), where an ice cube that doesn't melt defies temporal rules by standing as the eternal witness of a conversation and a drink that came and went away.

Interestingly, the fact that real and fake elements connect each on their own terms makes the final outcome even more real — a dynamic that Leutenegger has experimented by crossing the boundaries of art to establish a dialogue with other creative forms as for example architecture (on the occasion of Herzog & de Meuron's retrospective *No. 250* at the Schaulager, where she provided two video portraits of the St. Jakob Park Stadium in Basel and the Laban Dance Centre in London), or most recently fashion (when she collaborated with Fashion Designer Lela Scherrer on the collection *Zillalelalelazilla*).[2] Finally, names of works and exhibitions are ideated separately and inserted at the very end of the process, adding an extra layer which carries a variety of interpretations, and playing with language to create puns like *Off the Wall* (2010) or *Fairlady Z*, a definition that goes beyond the eponymous Nissan car model to hint at the musical *My Fair Lady*, or the South African magazine for women *Fairlady*, and of course the artist's own initials.

The constant effort to venture into new visual and linguistic realms is an indicator of Leutenegger's inclination to enjoy the Easter egg chocolate more than the hidden surprise, the journey more than the destination, the search more than the result. The lack of a specific concept to describe her work supports the hypothesis that the joy of being a perpetual beginner grants her the freedom to exercise a

Plündern, die den von einem grossen Masterplan diktierten Beschränkungen entkommt. Die zuvor erwähnte zirkuläre Narrationsstruktur kann jedoch sehr verschiedene Tonarten annehmen, wenn sie zu ihrer Arbeit als Ganzes in Bezug gesetzt wird. Titel wie *Münchner Wohnung* (Sammlung Goetz, München, 2007), *Zilla und das 7. Zimmer* (Kunstmuseum Thurgau, 2008) und kürzlich *13 Räume* (Museum Morsbroich, Leverkusen, 2013) sowie *Zilla's House* (19. Biennale von Sydney, 2014) unterstreichen die häusliche Dimension, in der die Mehrzahl ihrer Eingebungen stattfindet. Wenn sie jedoch alle zusammen betrachtet werden, vermitteln sie den Eindruck eines Mosaiks, in dem jedes Stück Teil eines grösseren Ganzen ist, während das Grundprinzip des permanenten Entdeckens und der darauf beruhenden Annahme von Unwägbarkeiten unverändert bleibt.

«Ich bin noch der gleiche Mensch, der ich vor Jahren war, als ich mich entschied, zu zeichnen und Videos zu machen und meine Träume umzusetzen. Ich habe mich überhaupt nicht verändert, und meine Arbeit und meine Ideen haben sich auch nicht verändert. Nur die Dinge um mich herum», hat Leutenegger vor ein paar Jahren gesagt.[3] Es ist eine Beobachtung, die eine neue Problematik eröffnet und die ewige Frage aufwirft, wie die Wahrnehmung eines Kunstwerks den historischen Bedingungen unterliegt, in denen es entsteht. Die Zeit wird zeigen, wie sich Leuteneggers Arbeit entwickelt und wie sie in der Zukunft betrachtet werden wird, aber in einem Zeitalter, in dem sich jeder trotz der Informationsflut bemüssigt fühlt, eine Meinung zu allem und jedem zu artikulieren, ist die stille Annahme einer grösseren, vielleicht unerreichbaren Wahrheit eine willkommene Haltung.

1 Dorothee Messmer, «Versuche, das Unmögliche möglich zu machen. Zilla Leutenegger im Gespräch», in: *Zilla und das 7. Zimmer*, Ausst.-Kat. Kunstmuseum Thurgau, Zürich 2008, S. 101–109.
2 Die Zusammenarbeit begann nach einer zufälligen Begegnung zwischen Leutenegger und Scherrer in Japan 2005. Ein anderes interessantes Beispiel für Leuteneggers interdisziplinäre Kunstprojekte ist die Installation der animierten Zeichnung *Sleeping Dog* (2013) im Foyer des Kulturhotel Maratscher in Meran, wo architektonische Surrogate zum ersten Mal durch einen tatsächlichen Lebensraum ersetzt werden.
3 Im Gespräch mit dem Autor, «Zilla Leutenegger: You're Innocent When You Dream», in: *Zilla*, Bündner Kunstmuseum Chur, Zürich 2004.

sort of polished naïveté — an eventuality that in turn has the power to equally amaze artist and viewer, a 'wonder and plunder' operation which escapes the constrictions dictated by a bigger master plan. The aforementioned circular narrative, however, can assume very different tones if placed in relation to her work as a whole. Titles like *Munich Apartment* (Sammlung Goetz, Munich, 2007), *Zilla and the 7th Room* (Kunstmuseum Thurgau, 2008), and most recently *13 Rooms* (Museum Morsbroich, Leverkusen, 2013) and *Zilla's House* (19th Biennale of Sydney, 2014) underscore the domestic dimension in which the majority of her intuitions take place, but if viewed all together they give the impression of a mosaic where every piece is called to fit a bigger pattern, still leaving unaltered the basic principle of permanent discovery and consequent acceptance of unknown quantities on which it is founded. "I'm still the same person I was years ago when I decided to draw and make videos just to make my dreams come true. I haven't changed at all, and neither has my work nor my ideas. What's around me has," declared Leutenegger a few years ago.[3] It's an observation that introduces a new set of problematics and the long-standing question of how the perception of an artwork is subjected to the historical period in which it occurs. Time will tell how Leutenegger's work will evolve and how it will be regarded in the future, but in an age where everybody feels entitled to express an opinion on every conceivable subject despite the unprecedented flood of information available, the quiet acceptance of a quest for a bigger, possibly unreachable truth, is a welcome stance.

1 Messmer, Dorothee, "Attempts to make the Impossible Possible: Interview with Zilla Leutenegger", *Zilla and the 7th Room*, Kunstmuseum Thurgau, (Zurich, 2008), pp. 111–115.
2 The collaboration started after a chance meeting between Leutenegger and Scherrer in Japan in 2005. Another interesting interdisciplinary example of Leutenegger's art is the installation of the animated drawing *Sleeping Dog* (2013) in the foyer of the Kulturhotel Maratscher in Meran, where architectural surrogates are replaced by an actual living space for the first time.
3 In conversation with the author, "Zilla Leutenegger: You're Innocent When You Dream", in: *Zilla*, Bündner Kunstmuseum, Chur, (Zurich, 2004).

ZILLA LEUTENEGGER

Geboren 1968 in der Schweiz, lebt und arbeitet in Zürich (Schweiz) / *Born 1968 in Switzerland, lives and works in Zurich, Switzerland*

EINZELAUSSTELLUNGEN
SOLO EXHIBITIONS

2014
Fairlady Z, Museum Franz Gertsch, Burgdorf, Switzerland, cur. Anna Wesle, exh. cat.

2013
13 Räume, Museum Morsbroich, Leverkusen, Germany, cur. Fritz Emslander, exh. cat.
Selected drawings 1999–2009, Galerie Stampa, Basel, Switzerland

2012
Umlaufbahn, Gast Zilla Leutenegger, Stiftung Trudi Demut und Otto Müller, Kunsthalle im alten Zürcher Güterbahnhof, Zurich, Switzerland

2011
When yesterday the sea was flat, The Heder Gallery, Tel Aviv, Israel
Rock the chair, Galerie Peter Kilchmann, Zurich, Switzerland
More than this, Weserburg, Museum für moderne Kunst, Bremen, Germany, cur. Ingo Clauss

2010
Ringkamp, SAM – Art Masters, St. Moritz (in collaboration with Bank Julius Baer, Zurich), Switzerland
Rocksie, Perry Rubenstein Gallery, New York, USA
Off the Wall, Galerie Peter Kilchmann, Zurich, Switzerland

2009
Drum set, Art Kabinett, Art Basel Miami Beach, Miami Beach, USA

GRUPPENAUSSTELLUNGEN
GROUP EXHIBITIONS

2014
You imagine what you desire, 19th Biennale of Sydney, Australia

2013
Video Arte, Palazzo Castelmur, Stampa-Coltura, Switzerland, cur. Luciano Fasciati
Cut! Videokunst aus der Sammlung, Aargauer Kunsthaus, Aarau, Switzerland, cur. Yasmin Afschar, Thomas Schmutz

2012
Feldlerche Stube Welt Dritten Grat, Galerie Christine König, Vienna, Austria
Parallelwelt Zirkus (The Circus as a Parallel Universe), Kunsthalle Wien, Vienna, Austria, cur. Verena Konrad, Gerald A. Matt, exh. cat.
Die Eroberung der Wand. Nazarenerfresken im Blick der Gegenwart, Arp Museum Bahnhof Rolandseck, Remagen, Germany, cur. Jutta Mattern
30 Künstler / 30 Räume, Institut für moderne Kunst Nürnberg, Kunsthalle Nürnberg, Kunstverein Nürnberg, Germany, exh. cat.

2011
Farewell to Longing. Figurationen von Heimat in der Gegenwart, Kunstraum Niederösterreich, Vienna, Austria, cur. Claudia Stemberger
Fetisch Auto. Ich fahre, also bin ich, Museum Tinguely, Basel, Switzerland
Anonyme Skulpturen. Video und Form in der zeitgenössischen Kunst (Anonymous Sculptures. Video and Form in contemporary Art), Galerie im Taxipalais, Innsbruck, Austria, cur. Beate Ermacora, exh. cat.
Swiss Drawings 1990–2010, Aargauer Kunsthaus, Aarau, Switzerland, cur. Julie Enckell Juillard, Madeleine Schuppli, exh. cat.
Nouvelles Collections IV, Centre PasquArt, Biel, Switzerland, cur. Irène Zdoroveac

2010
Die Nase des Michelangelo, Galerie Peter Kilchmann, Zurich, Switzerland
Anonyme Skulpturen. Video und Form in der zeitgenössischen Kunst (Anonymous Sculptures. Video and Form in contemporary Art), Museum Haus Esters, Krefeld, Germany, cur. Sylvia Martin, exh. cat.
Silent Revolution, K20 / K21 – Kunstsammlung Nordrhein Westfalen, Düsseldorf, Germany, cur. Susanne Meyer-Büser, exh. cat.
Make Yourself at Home, 7eleven Gallery, New York, USA, cur. Sabrina Blaichmann, Caroline Copley, Genevieve Hudson-Price

2009
Video drawing, Ticho House, The Israel Museum, Jerusalem, Israel, exh. cat.
Chambre à part III, La Réserve, Paris, France, cur. Laurence Dreyfus
Auto. Sueño y Materia (Auto. Dream and Matter), Centro de Arte Dos de Mayo, Madrid, Spain, cur. Alberto Martín, exh. cat.

MONOGRAFIEN
MONOGRAPHS

2008
*Zilla und das 7. Zimmer
(Zilla and the 7th room)*,
exh. cat. Kartause Ittingen
Kunstmuseum des Kantons
Thurgau, Warth

2006
*Zilla Leutenegger. Wichtiger
Besuch*, exh. cat. Stiftung
Saarländischer Kulturbesitz,
Saarlandmuseum, Saar-
brücken

2004
Zilla, Claudia Spinelli, a. o.,
Manor-Kunstpreis, exh. cat.
Bündner Kunstmuseum, Chur

2001
*Zilla Leutenegger. Welcome in
my dress*, Christoph Doswald,
Hans-Rudolf Reust, a. o.,
Basel

86

IMPRESSUM
COLOPHON

Dieser Katalog erscheint anlässlich der Ausstellungen
*Zilla Leutenegger. 13 Räume —
eine Biografie in Kleidern*,
vom 12. Oktober 2013 bis
12. Januar 2014 im Museum
Morsbroich, Leverkusen
und *Zilla Leutenegger.
Fairlady Z*, vom 8. März bis
31. August 2014 im Museum
Franz Gertsch, Burgdorf.

*This catalogue is published on
the occasion of the exhibitions Zilla Leutenegger.
13 Rooms – A Biography in
Clothes, from October 12,
2013 to January 12, 2014
at the Museum Morsbroich,
Leverkusen and Zilla
Leutenegger. Fairlady Z,
from March 8 to August 31,
2014 at the Museum
Franz Gertsch, Burgdorf.*

AUSSTELLLUNGEN
EXHIBITIONS

Museum Morsbroich
Gustav-Heinemann-Strasse 80
D–51377 Leverkusen
T +49-214-85556-0
F +49-214-85556-44
Deutschland / *Germany*
museum-morsbroich@kultur-
stadtlev.de
www.museum-morsbroich.de

Direktor / *Director*:
 Markus Heinzelmann
Kurator der Ausstellung /
 Curator of the exhibition:
 Fritz Emslander
Verwaltung / *Administration*:
 Uwe Rheinfrank,
 Angela Hoogstraten
Sekretariat / *Office*:
 Claudia Leyendecker
Haustechnik und Ausstellungs-
 aufbau / *Technical depart-
 ment, construction*: Thomas
 Gattinger, Kai Schäfer
Gebäudetechnik und Ausstel-
 lungsaufbau / *Building*

services, construction:
Stefan Kentenich, Heiko Schäfer,
  Ulrich Schlomske
Stellvertretender Direktor und
  Kurator Grafische Sammlung
  und Fluxus / *Vice director,
  and curator of graphic
  collection and Fluxus*:
  Fritz Emslander
Hauptkuratorin und Kuratorin
  Sammlung Malerei und
  Skulptur / *Chief curator,
  and curator of painting and
  sculpture collection*:
  Stefanie Kreuzer
PR und Presse: Fritz Emslander
  für das / *for the* Museum
  Morsbroich, Kathrin Luz
  Communication, Kathrin Luz
  und / *and* Ursula Teich

Museum Franz Gertsch
Platanenstrasse 3
CH–3400 Burgdorf
Schweiz / *Switzerland*
T +41 (0) 34 421 40 20
F +41 (0) 34 421 40 21
info@museum-franzgertsch.ch
www.museum-franzgertsch.ch

Geschäftsführender Direktor /
  Managing Director:
  Arno Stein
Direktionsassistenz / *Assistant to
  the Director*: Nadja Imhof
Kuratorin / *Curator*: Anna Wesle
Sponsorship, Marketing, PR:
  Benjamin Dodel
Ausstellungstechnik / *Technical
  Support*: Daniel Vögele

PUBLIKATION
PUBLICATION

Herausgeber / *Editors*:
  Fritz Emslander, Museum
  Morsbroich, Leverkusen
  und / *and* Anna Wesle,
  Museum Franz Gertsch,
  Burgdorf
Konzept / *Concept*:
  Zilla Leutenegger und / *and*
  Franziska Burkhardt
Lektorat / *Proofreading*:
  Silvia Jaklitsch,
  Katharina Sacken

Übersetzung / *Translation*:
  Jeremy Gaines, Petra Gaines

Grafikdesign / *Graphic design*:
  Franziska Burkhardt
  mit / *with* Sam Linder,
  Christian Lange
Druck und Bindung / *Printed and
  bound by*:
  Kösel GmbH & Co. KG

Erschienen bei / *Published by*:
Verlag für moderne Kunst
  Nürnberg GmbH
  Königstrasse 73
  D–90402 Nürnberg
  Deutschland / *Germany*
  www.vfmk.de

ISBN 978-3-86984-459-6

Alle Rechte vorbehalten /
  All rights reserved
Gedruckt in Deutschland /
  Printed in Germany

© 2013 Zilla Leutenegger,
  Museum Morsbroich,
  Leverkusen, Museum Franz
  Gertsch, Burgdorf,
  Verlag für moderne Kunst
  Nürnberg und / *and*
  die Autoren / *the authors*

Bibliografische Information der
  Deutschen National-
  bibliothek
Die Deutsche Nationalbibliothek
  verzeichnet diese Pu-
  blikation in der Deutschen
  Nationalbibliografie;
  detaillierte bibliografische
  Daten sind im Internet über
  www.dnb.de abrufbar.

*Bibliographic information
  published by the Deutsche
  Nationalbibliothek
The Deutsche Nationalbibliothek
  lists this publication in the
  Deutsche Nationalbibliografie; detailed bibliographic
  data are available in the
  Internet at www.dnb.de.*

VERTRIEB
DISTRIBUTION

Germany, Austria, and other
  European Countries:
  LKG, www.lkg-va.de
Switzerland: AVA, www.ava.ch
UK: Cornerhouse Publications,
  www.cornerhouse.org
USA: D. A. P., www.artbook.com

DANK AN
THANKS TO

Max Küng

Vielen Dank für die grosszügige
  Unterstützung an / *Many
  thanks for the generous
  support to*:
Mirella and Dani Levinas,
  Washington DC
Galerie Peter Kilchmann, Zürich
Albert Kriemler, Firma Akris
Lela Scherrer
Galerie Stampa, Basel
Stiftung Storch

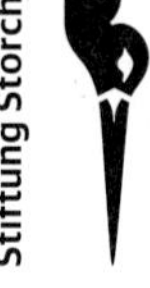

Die Ausstellung in Leverkusen
  wird gefördert durch /
  *The exhibition in Leverkusen
  is sponsored by*

Die Ausstellung in Burgdorf wird
  gefördert durch /
  *The exhibition in Burgdorf is
  sponsored by*

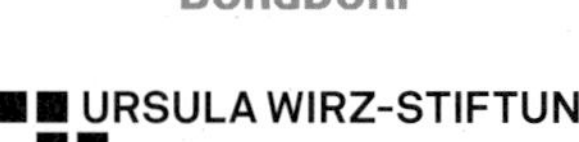

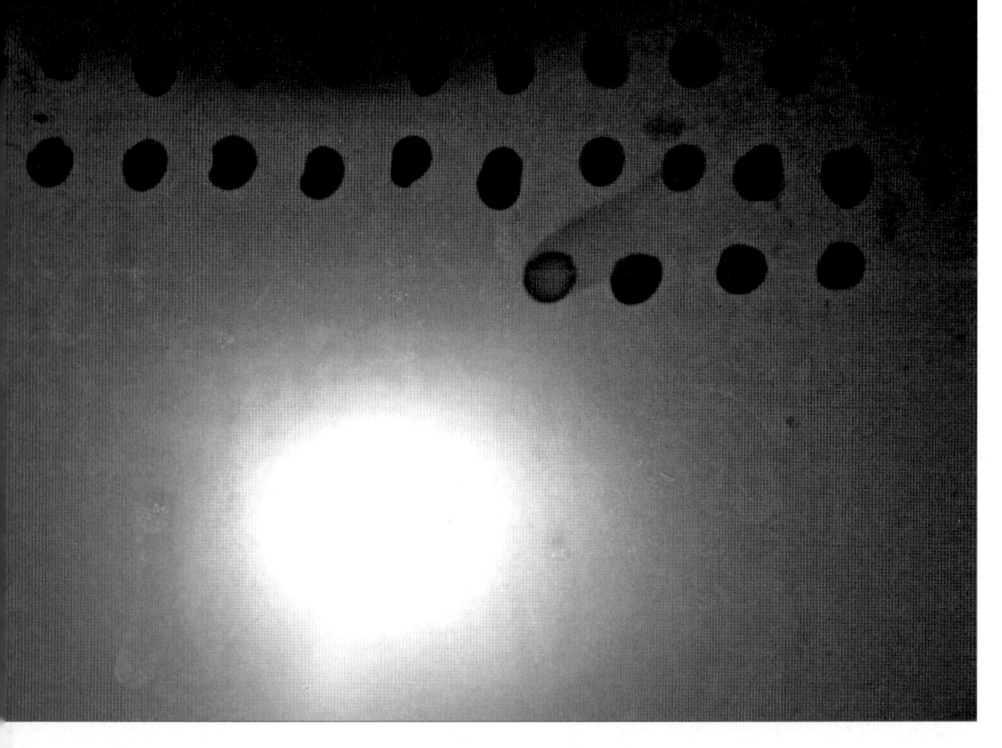

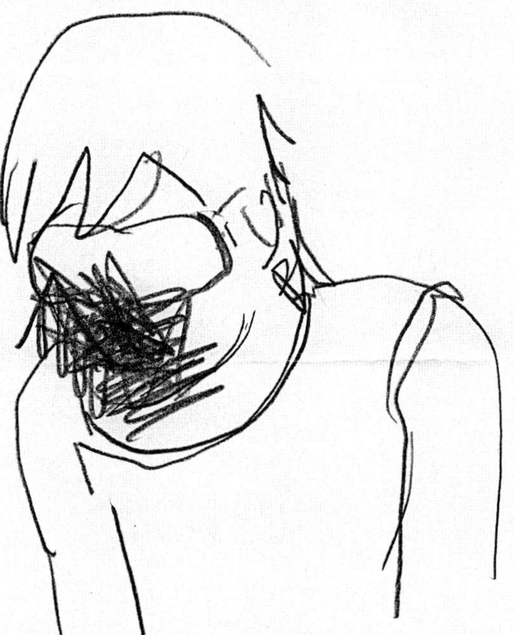

CH-7504 Pontresina/St. Moritz   Tel. +41 (0)81 830 30 30   Fax +41 (0)81 830 30 31   www.kronenhof.com   info@kronenhof.com

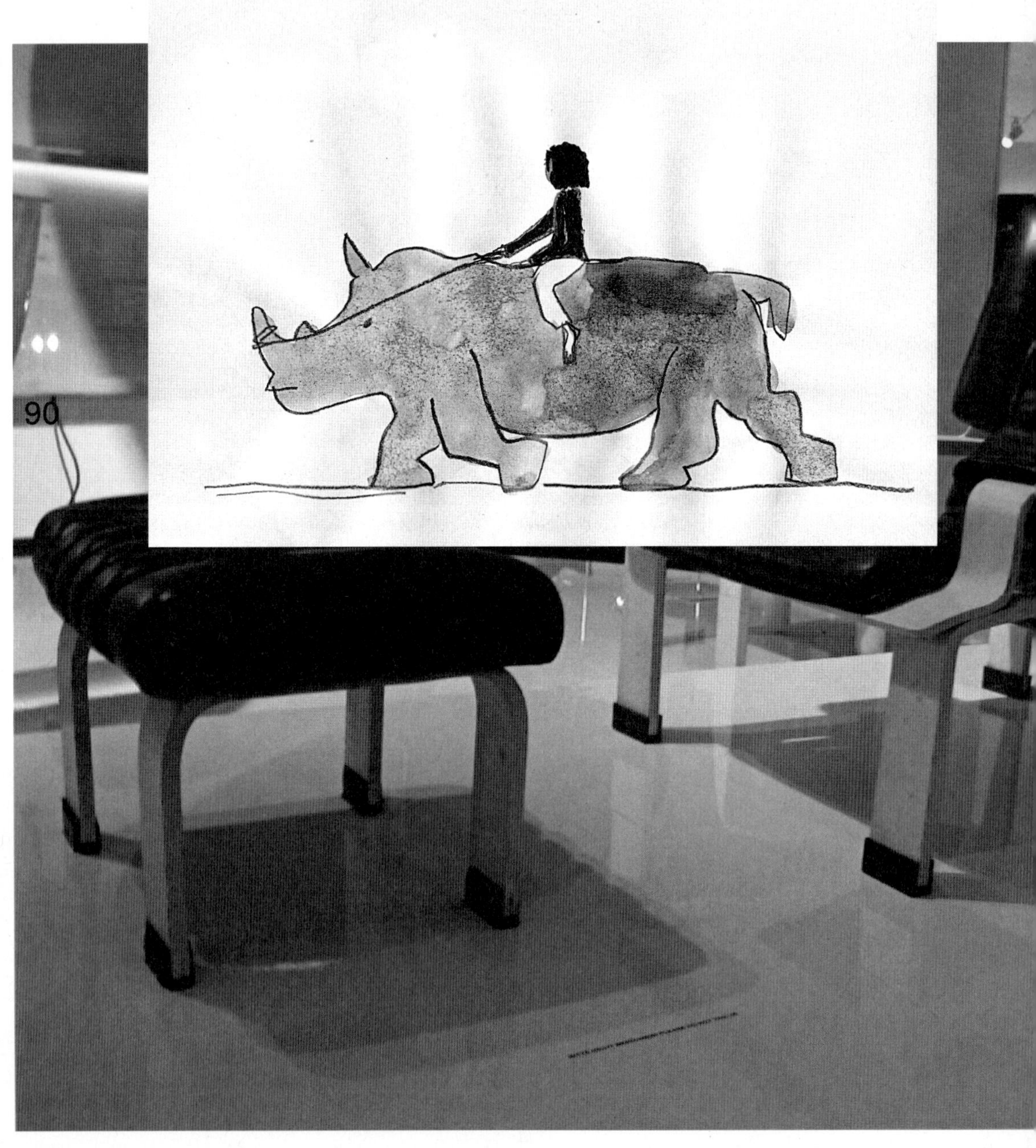
90

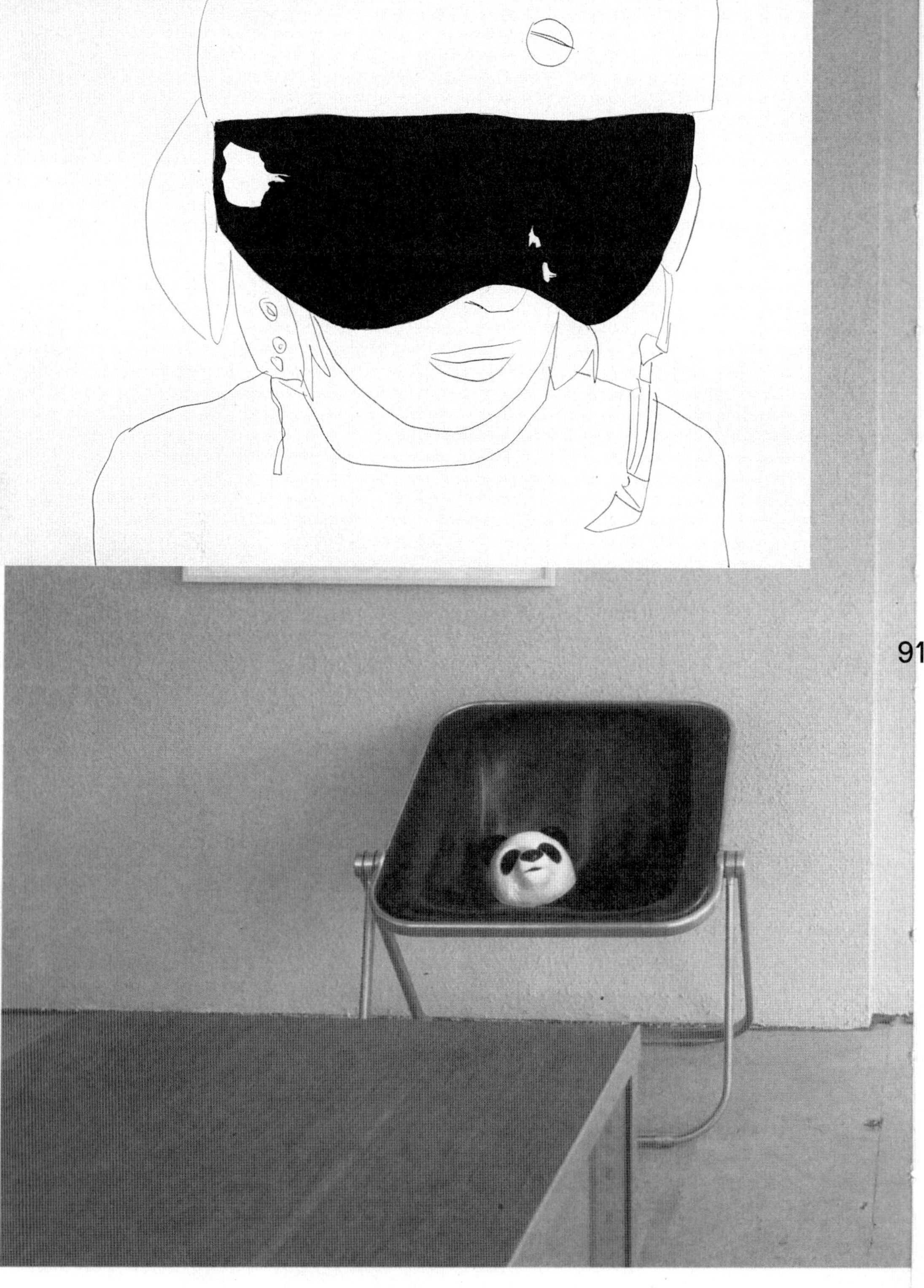

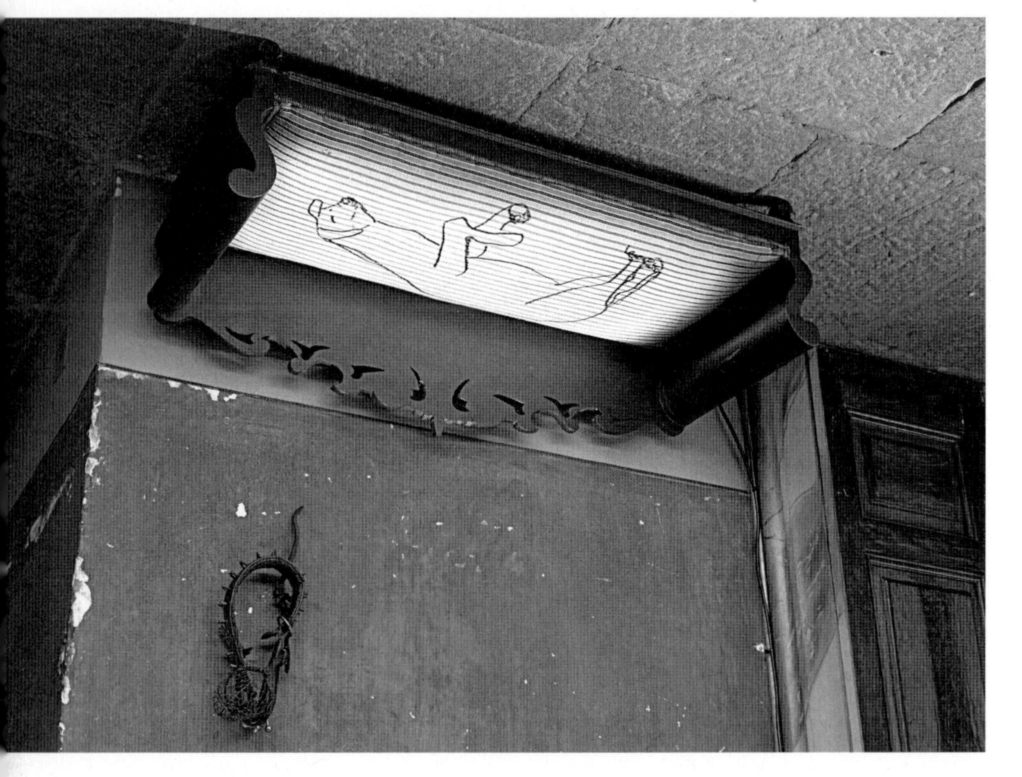

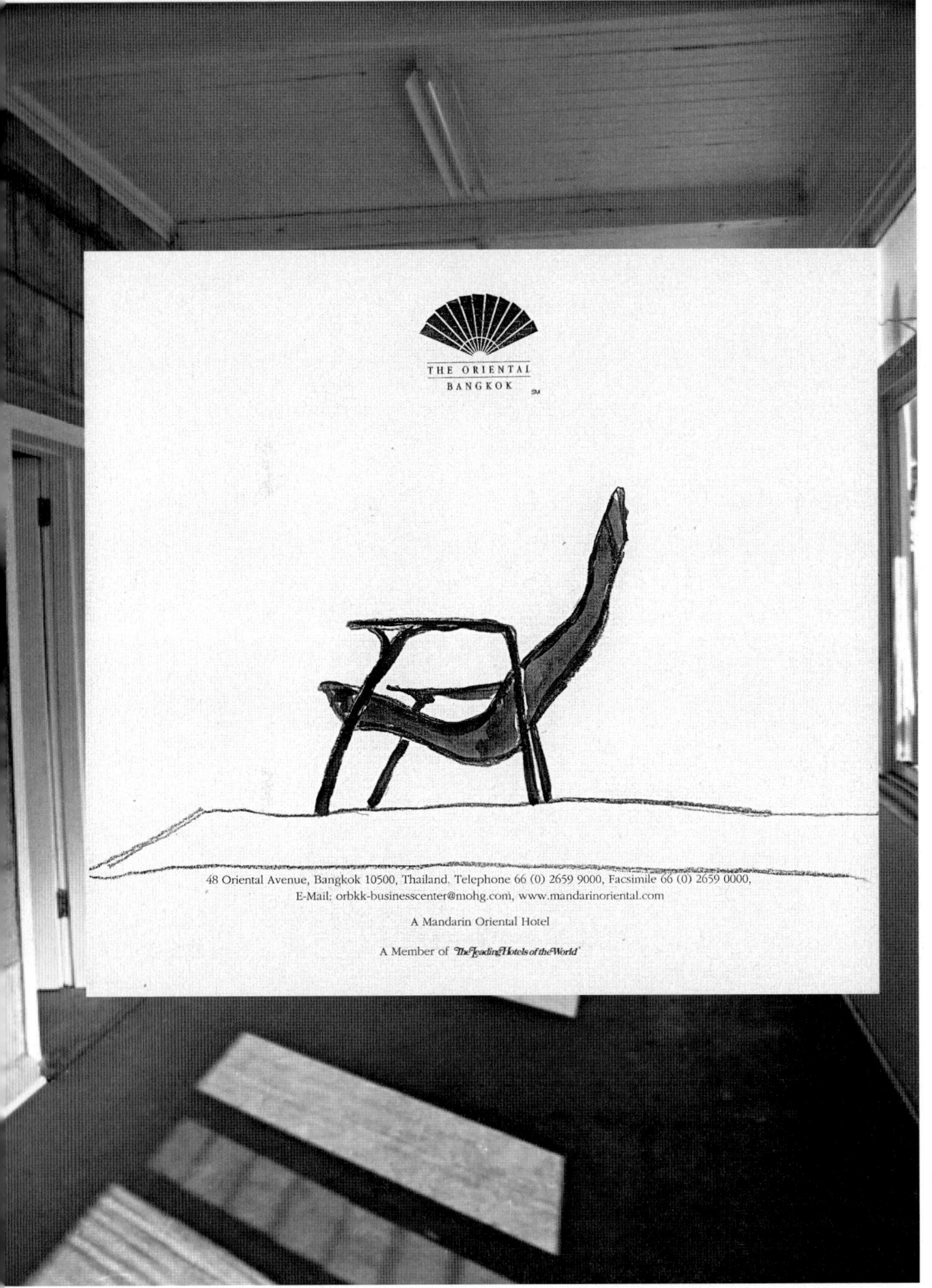

THE ORIENTAL
BANGKOK SM
48 Oriental Avenue, Bangkok 10500, Thailand. Telephone 66 (0) 2659 9000, Facsimile 66 (0) 2659 0000,
E-Mail: orbkk-businesscenter@mohg.com, www.mandarinoriental.com
A Mandarin Oriental Hotel
A Member of The Leading Hotels of the World

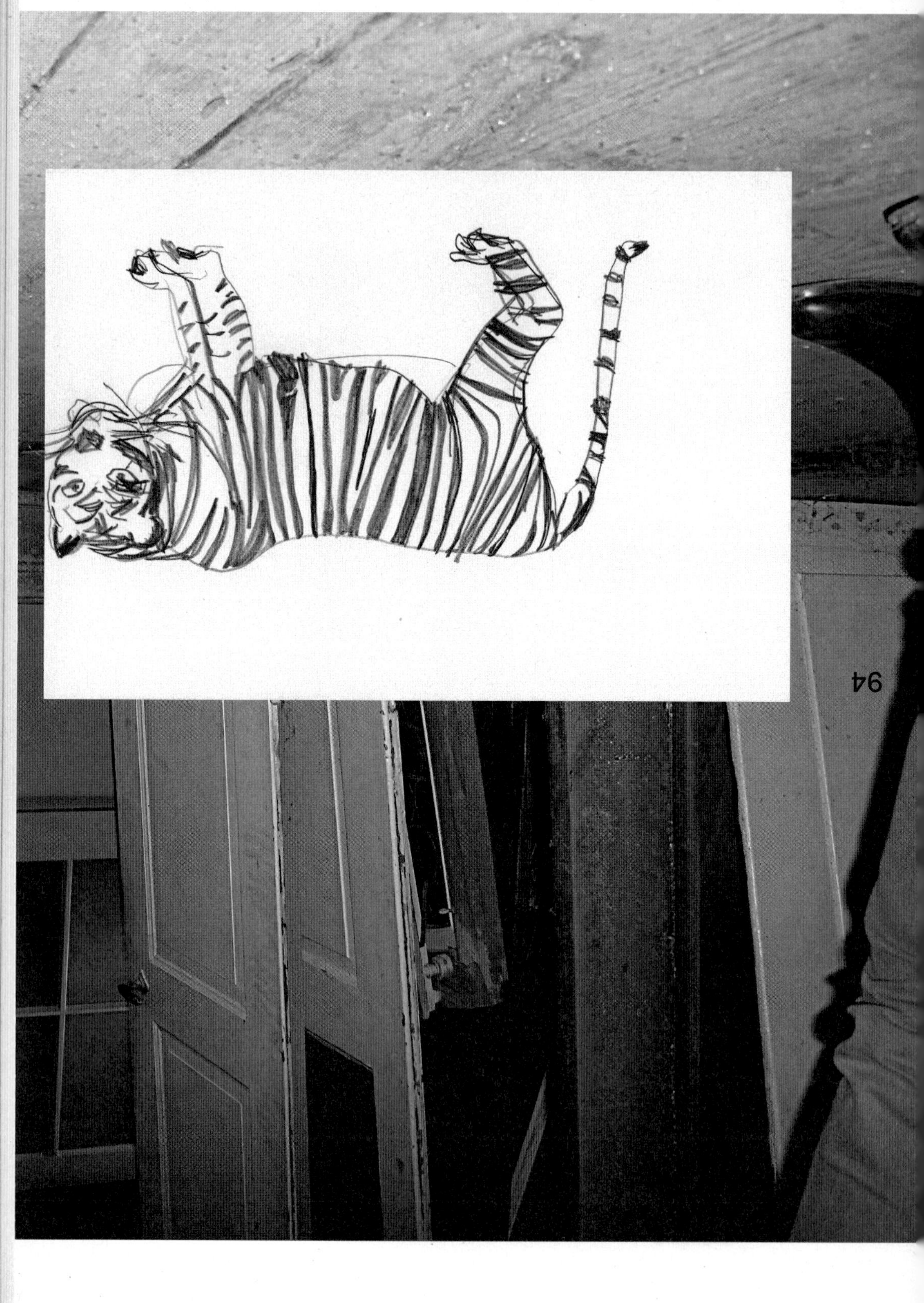

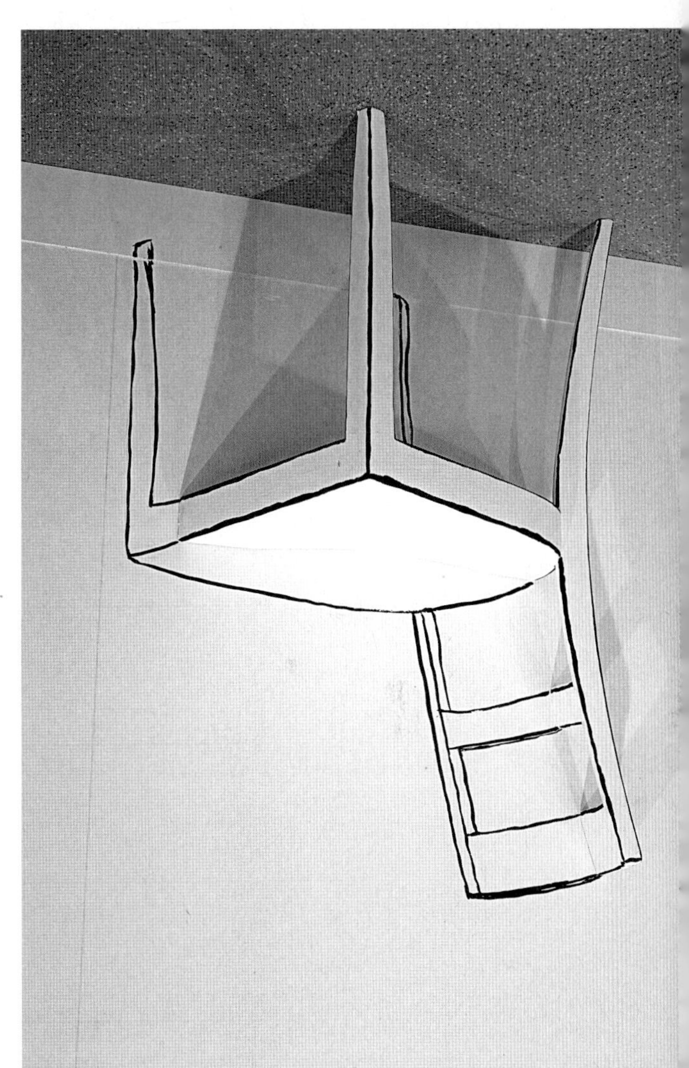

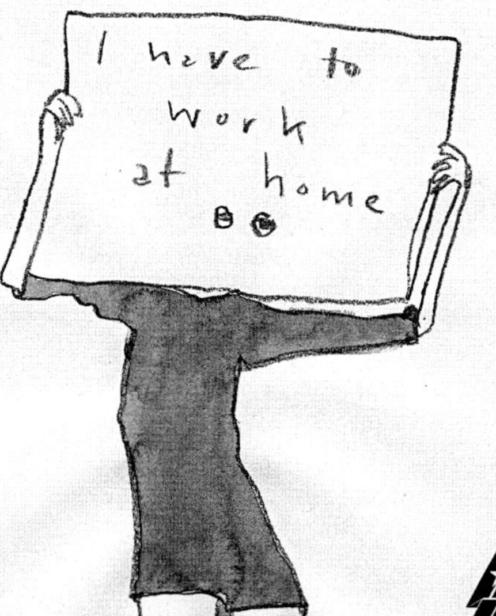

THE RITZ-CARLTON®
LAKE LAS VEGAS
I have to
work
at home
National
Quality
Award
1999 & 1992
Recipient
1610 LAKE LAS VEGAS PARKWAY, HENDERSON, NEVADA 89011 • (702) 567-4700 • FAX (702) 567-4777

42

PORTRAIT (LEMON),
2009
Acryl und Bleistift
auf Papier
*acrylic and pencil on
paper, 102 × 74.5 cm,*
Foto / photo:
Barbora Gerny

43

INVITATION TO SIT
DOWN, 2010
Acryl und Bleistift
auf Papier
*acrylic and pencil on
paper, 92 × 65 cm,*
Foto / photo: Thomas Strub

44

FOREVER CAN BEGIN,
2011
Videoinstallation mit
Wandzeichnung (Liege),
Acryl auf Wand, 1 Objekt
(Cello), Holz, 1 alte
Balkontür, 1 Gardine mit
Leiste, 1 Ventilator,
1 Projektion, Farbe,
Ton, Loop
*video installation with wall
drawing (day bed), acrylic
on wall, 1 object (Cello),
wood, 1 old balcony door,
1 curtain and rail,
1 ventilator, 1 projection,
color, sound, loop,*
Dimensionen variabel /
dimensions variable,
Foto / photo: Thomas Strub

45

CHAIR, 2009
Acryl und Bleistift
auf Papier
*acrylic and pencil on
paper, 29.7 × 21 cm*

46

HAND UND KOPF, 2009
Acryl und Bleistift
auf Papier
*acrylic and pencil
on paper, 65 × 92 cm,*

47

Foto / photo:
Barbora Gerny

BERLIN, 2010
Acryl und Bleistift
auf Papier
*acrylic and pencil
on paper, 92 × 65 cm,*
Foto / photo: Thomas Strub

48

SPANIEN, 2012
Acryl und Bleistift
auf Papier
*acrylic and pencil
on paper, 91.5 × 65 cm,*
Foto / photo: Thomas Strub

49

HAND UND KOPF, 2009
Acryl und Bleistift
auf Papier
*acrylic and pencil
on paper, 92 × 65 cm*

50

TRIMITRI, 2009
Installation mit
1 Zeichnung, Acryl und
Bleistift auf Papier, 1 Brief,
1 Schemel, Gips
*installation with 1 drawing,
acrylic and pencil on
paper, 1 letter, 1 stool, cast,*
Dimensionen variabel /
dimensions variable,
Foto / photo: Elsa Okazaki

51

TRIAGONAL, 2008
Plexiglas, Klebstoff,
Metallstütze
*Plexiglas, glue, metal
support, 48 × 24 × 23 cm,*
Foto / photo: Stefan Rohner

52

FOOTLOOSE, 2013

53

ORTHORHOMBISCH,
2008
Plexiglas, Klebstoff
*Plexiglas, glue,
47 × 33 × 21 cm,*
Foto / photo: Stefan Rohner

54

GROSS UND STARK,
2013
Videoinstallation,
1 Schwarz-Weiss-
Silbergelatineabzug,
Wandzeichnung,
1 Projektion auf Molton
mit Patchwork, schwarz-
weiss, ohne Ton, Loop
*video installation,
1 b/w silver gelatine print,
wall drawing, 1 projection
on molton fabric with
patchwork, b/w, no sound,
loop,* Druck / *print:*
120 × 180 cm,
Molton: 140 × 200 cm

55

EAMES ROCKING
CHAIR, 2010
Bleistift auf Papier
*pencil on paper,
42 × 29.7 cm,*
Foto / photo: Thomas Strub

56

TETRAGONAL, 2008
Plexiglas, Klebstoff
Plexiglas, glue, 40 × 25 cm,
Foto / photo: Stefan Rohner

57

RHINOCEROS, 2010
Videoinstallation
mit 1 Objekt auf Sockel,
1 Projektion, Farbe,

Inkjet Fine Art,
150 × 95 cm, Auflage
von 3 / edition of 3,
Foto / photo:
Anna Leutenegger

ohne Ton, Loop
*video installation
with 1 object on plinth,
1 projection, color,
no sound, loop,*
Objekt / object:
16 × 45 × 19 cm

58

THE NIGHT THAT NEVE
ENDED, 2013
Mundgeblasener Eiswürf
in einem Glas
*hand blown ice cube,
placed in tumbler,* Auflag
von 20 / edition of 20

59

MONOKLIN, 2008
Plexiglas, Klebstoff
*Plexiglas, glue,
49 × 27 × 24 cm,*
Foto / photo: Stefan Rohn

60

DIMITRI (SCHWARZ-
WEISS), 2009
Acryl und Bleistift
auf Papier
*acrylic and pencil on
paper, 65 × 91.5 cm,*
Foto / photo:
Barbora Gerny

61

ZILLALELALELAZILLA
2012
Bleistift auf Papier
pencil on paper, 30 × 21 c

62

DIE
STERNENSPUCKERIN,
2008
Videozeichnung,
Wandzeichnung, Acryl
auf Wand, 1 Projektion,
Farbe, ohne Ton
*video drawing,
wall drawing, acrylic
on wall, 1 projection,
color, no sound*